SE 07

Curso

MAD360

AF173924

*La diferencia entre aprobar
y sacar plaza*

Técnico/a en Cuidados Auxiliares de Enfermería

COMUNIDAD AUTÓNOMA DE ARAGÓN

Si aún no dispones de tu **Curso MAD360**, te ofrecemos un acceso GRATIS de 30 días para que disfrutes de los siguientes recursos:

- Técnicas de Memoria 360.
- MADTEST: Test *online* Nivel PRO.
- Temario en formato digital.
- Vídeos.
- Esquemas.
- Planificación de estudio.
- Foro entre opositores hasta la fecha del examen.*
- Recursos y novedades exclusivas.
- Consúltanos sobre tu oposición y proceso selectivo.
- Actualizaciones legislativas (Boletines Oficiales) hasta 60 días antes de la fecha del examen.*

Para acceder a esta prueba del Curso MAD360** será necesaria la compra de todos los libros para esta especialidad de la edición 2026.

Regístrate en **mad.es/iniciar-sesion** y en la pestaña MIS CURSOS valida los códigos que encuentras en la última página de tus libros.

NOTA IMPORTANTE:

* Examen de esta categoría profesional correspondiente a la convocatoria publicada en el BOA núm. 247, de 23 de diciembre de 2026, o hasta el 31 de marzo de 2027, lo que se cumpla antes, y previa renovación del servicio.

** El acceso al CURSO MAD360 estará disponible desde marzo de 2026 (algunos recursos podrían estar disponibles en fecha posterior). Tendrá una duración de 30 días RENOVABLES mediante pago, desde la validación de códigos, o hasta el 30 de septiembre de 2027, lo que se cumpla antes.

MAD se reserva el derecho a ampliar dichas fechas.

Técnico/a en Cuidados Auxiliares de Enfermería de la Comunidad Autónoma de Aragón

Febrero, 2026

Técnico/a en Cuidados Auxiliares de Enfermería de la Comunidad Autónoma de Aragón

Test del Temario

Autores

HERMINIA ANDRADES ROMERO
Diplomada en Fisioterapia

M.ª DEL CARMEN SILVA GARCÍA
Diplomada Universitaria en Enfermería

JUAN MANUEL GIL RAMOS
Licenciado en Medicina

JOSÉ MANUEL PÉREZ SANTANA
Diplomado Universitario en Enfermería

LIDIA PONCE MARTÍNEZ
Licenciada en Psicología

TERESA MARÍA TORRES FONSECA
Licenciada en Derecho

© 7 Editores Recursos para la Cualificación Profesional y el Empleo, S.L. (7 Editores)
© Los autores
Primera edición, febrero 2026 (206 páginas)
Derechos de edición reservados a favor de 7 Editores
IMPRESO EN ESPAÑA
Diseño Portada: 7 Editores
Edita: 7 Editores
Avda. San Francisco Javier, 9 · Edificio Sevilla 2 · Planta 11 · Módulos 25-27 · 41018 Sevilla
Teléfono: 954 784 411 · WEB: www.mad.es · e-mail: administracion@7editores.com
ISBN: 979-13-702-8604-0
© "Editorial Mad" y "Eduforma" son nombres comerciales registrados de
7 Editores Recursos para la Cualificación Profesional y el Empleo, S.L.

Índice

TEST MATERIAS COMUNES

TEST N.º 1

La Constitución Española de 1978: Estructura y contenido. Derechos y deberes fundamentales

1. ¿En qué se fundamenta la Constitución Española?

a) En un Estado social y democrático de Derecho.
b) En la indisoluble unidad de la Nación española.
c) En la independencia de los poderes del Estado.
d) En la organización territorial del Estado.

2. Según el artículo 3 de la CE, el castellano es la lengua oficial del Estado y todos los españoles:

a) Tienen el deber de usar y el derecho de conocer el castellano.
b) Tienen el derecho y el deber de conocer el castellano.
c) Tienen el deber de conocer y el derecho de usar el castellano.
d) Tienen el derecho de conocer y usar el castellano.

3. La Constitución Española reconoce y garantiza el derecho a la autonomía:

a) De las nacionalidades que la integran.
b) De las regiones que la integran.
c) De las Comunidades Autónomas que la integran.
d) De las nacionalidades y regiones que la integran.

4. El Preámbulo de la Constitución:

a) Tiene en sí carácter de norma jurídica.
b) Es una declaración de intenciones, destinada a interpretar lo que se quiere alcanzar con el contenido normativo de la Constitución.
c) Se trata de un texto sin fuerza jurídica de obligar.
d) Las respuestas b) y c) son correctas.

5. Señala la respuesta correcta, respecto de la aprobación, ratificación y publicación de la Constitución Española:

a) Aprobada por las Cortes el 31 de octubre de 1978, ratificada por el pueblo en referéndum el 6 de diciembre de 1978 y publicada el 29 de diciembre de 1978.
b) Aprobada por las Cortes el 30 de octubre de 1978, ratificada por el pueblo en referéndum el 16 de diciembre de 1978 y publicada el 27 de diciembre de 1978.
c) Aprobada por las Cortes el 31 de octubre de 1978, ratificada por el pueblo en referéndum el 16 de diciembre de 1978 y publicada el 29 de diciembre de 1978.
d) Aprobada por las Cortes el 10 de octubre de 1978, ratificada por el pueblo en referéndum el 26 de diciembre de 1978 y publicada el 30 de diciembre de 1978.

6. ¿En qué parte de la Carta Magna se establece la exposición de motivos que impulsan la norma constitucional y los objetivos que con ella se pretenden alcanzar?

a) En el Título Preliminar.
b) En el Preámbulo.
c) En el Título I.
d) En el Título II.

7. La Constitución Española fue sancionada por:

a) El Rey.
b) El Presidente del Congreso.
c) Las Cortes Generales.
d) El Presidente del Gobierno.

8. ¿Cuáles de los siguientes españoles de origen pueden ser privados de su nacionalidad?

a) Exclusivamente los miembros de grupos terroristas.
b) Los miembros de grupos terroristas y los que atenten contra el Rey u otro miembro de la Casa Real.
c) Los que atenten contra un miembro de la Familia Real o del Gobierno de la Nación.
d) Ningún español de origen podrá ser privado de su nacionalidad.

9. Según la CE son fundamentos del orden político y la paz social:

a) La dignidad de la persona, los derechos violables que les son inherentes y el respeto a la ley.
b) La dignidad de la persona, el desarrollo limitado de la personalidad y el respeto a la ley.
c) El respeto a la ley, a los reglamentos administrativos y demás disposiciones legales.
d) La dignidad de la persona, los derechos inviolables que le son inherentes, el libre desarrollo de su personalidad, el respeto a la ley y a los derechos de los demás.

10. ¿Cuál de los siguientes es considerado por la CE como uno de los valores superiores del ordenamiento jurídico?

a) La jerarquía normativa.
b) El pluralismo político.
c) La publicidad normativa.
d) La equidad.

11. La forma política del Estado español es:

a) Democracia parlamentaria.
b) Gobierno parlamentario.
c) Monarquía parlamentaria.
d) República democrática.

12. La parte de la CE que regula la estructura de los principales órganos del Estado recibe el nombre de:

a) Parte dogmática.
b) Parte orgánica.
c) Parte estatal.
d) Parte estructural.

13. Según la CE, la soberanía nacional:

a) Corresponde a las Cortes Generales, al estar compuestas por los representantes del pueblo.
b) Corresponde al Rey.
c) Reside en el pueblo español.
d) Corresponde al Gobierno de la Nación elegido directamente por el pueblo.

14. ¿En qué parte de la Carta Magna se señalan los valores superiores del ordenamiento jurídico?

a) En el Preámbulo.
b) En el Título Preliminar.
c) En el Título I.
d) Ninguna respuesta es correcta.

15. ¿Cuál de las siguientes es una de las características de nuestra Constitución de 1978?

a) Consensuada.
b) Corta.
c) Conservadora.
d) Originalidad.

16. Son el fundamento del orden político y de la paz social:

a) El libre desarrollo de la personalidad.
b) Los derechos inviolables que les son inherentes.
c) El respeto a la ley y a los derechos de los demás.
d) Todas las respuestas son correctas.

17. ¿Qué quedará excluido de extradición?

a) Los delitos criminales.
b) Los delitos políticos.
c) Los actos de terrorismo.
d) Ninguno.

18. ¿Qué debe ser democrático, a tenor de lo dispuesto en la Constitución Española, en los sindicatos de trabajadores y las asociaciones empresariales?

a) Su funcionamiento.
b) Su estructura interna.
c) Su funcionamiento y estructura interna.
d) Sus órganos asamblearios.

19. ¿De cuántos Capítulos consta el Título I de la CE de 1978?

a) De tres.
b) De cinco.
c) De dos.
d) De cuatro.

20. El derecho a la propiedad en nuestra Constitución es un Derecho:

a) Inherente a la condición humana.
b) Absoluto.
c) Que está limitado por la función social de la misma.
d) Ninguna de las respuestas anteriores es correcta.

21. Dispone la Carta Magna que todos contribuirán al sostenimiento de los gastos públicos de acuerdo con su capacidad económica mediante un sistema tributario justo inspirado en los principios de:

a) Legalidad y equidad.
b) Igualdad y progresividad.
c) Publicidad y legalidad.
d) Eficacia y sostenibilidad.

22. En virtud del principio de progresividad tributaria:

a) Se implantarán paulatinamente cada vez mayores tributos.
b) Los tipos impositivos serán regresivos.

c) Prima el principio de igualdad en el pago de los tributos.
d) Nada de lo expuesto es cierto.

23. Según la Constitución, el Estado es:

a) Apolítico.
b) Aconfesional.
c) De bienestar social.
d) Federal.

24. El derecho a la vida se consagra en el siguiente artículo de la Constitución:

a) 10.
b) 16.
c) 15.
d) 24.

25. La pena de muerte en España:

a) Ha quedado abolida.
b) Puede aplicarse en cualquier momento.
c) Solo se aplicará, en tiempo de guerra, a los militares.
d) Rige solo en el ámbito civil.

26. La inmediata puesta a disposición judicial derivada del habeas corpus, se produce por:

a) Detención ilegal.
b) Prisión ilegal.
c) Prisión preventiva.
d) Detención preventiva.

27. El proceso en el que se enjuicie a un presunto delincuente debe:

a) Ser sumario.
b) No dilatarse.
c) Entorpecer los instrumentos probatorios.
d) Nada de lo anterior es cierto.

28. La entrada en un domicilio en caso de flagrante delito, sin autorización de su titular:

a) Puede dar lugar a la aplicación del habeas corpus.
b) Requiere autorización previa de la autoridad judicial.
c) Puede efectuarse en todo momento.
d) No puede realizarse en momento alguno.

29. Cuando, al conocerse la comisión de un delito por una persona, se acude a su domicilio para detenerla:

a) Está obligada a franquear la entrada.
b) Se necesitará autorización judicial para entrar, si no da su consentimiento para ello.
c) Pese a que no dé su consentimiento, se puede entrar.
d) Nada de lo anterior es correcto.

30. La autorización previa para celebrar una manifestación pública:

a) La da el Subdelegado del Gobierno en la Provincia.
b) Es ineludible.
c) Sería inconstitucional.
d) Se da cuando no se prevean alteraciones al orden público, con peligro para personas o bienes.

31. El tipo de sufragio que consagra la Constitución es el:

a) Proporcional.
b) Universal.
c) Censitario.
d) Las respuestas a) y b) son correctas.

32. Además de la no autoinculpación, la Constitución prevé que no se está obligado a declarar sobre un hecho presuntamente delictivo en caso de:

a) Parentesco y afinidad.
b) Cláusula de conciencia.
c) Secreto profesional.
d) Las respuestas a) y b) son correctas.

33. Los Tribunales de Honor están prohibidos respecto de los/la/las:

a) Sindicatos y Organizaciones Profesionales.
b) Administración Civil y Militar.
c) Organizaciones Profesionales y la Administración Civil.
d) Todas las respuestas anteriores son correctas.

34. El secreto profesional, constitucionalmente, sirve para:

a) Ejercer con libertad una profesión titulada.
b) La libertad de creación científica y técnica.
c) No declarar sobre hechos presuntamente delictivos.
d) Todo lo anterior.

35. La fundación de una Internacional Sindical por un sindicato español:

a) Es libre.
b) Está prohibida.
c) Debe plasmarse en un Tratado Internacional.
d) Nada de lo anterior es cierto.

36. El ejercicio del derecho de petición a través de una manifestación ciudadana:

a) No se admite.
b) Se admite en algún caso.
c) Se admite, salvo para los militares.
d) Ni se admite ni se prohíbe.

37. Nuestro sistema tributario ha de ser:

a) Regresivo e igualitario.
b) Progresivo y generalizado.
c) Confiscatorio.
d) Justo y regresivo.

38. Las Fundaciones son:

a) Entidades constituidas para fines de interés general.
b) Administración Corporativa.
c) Entidades privadas con fines de carácter también privado.
d) Asociaciones de personas para conseguir fines de interés general.

39. La asistencia de todo orden a los hijos habidos extraconyugalmente:

a) No está prevista en la Constitución.
b) Es un deber de los padres.
c) Se dispensará por Instituciones de Beneficencia.
d) Se dispensa solo a los que de ellos tengan discapacidad.

40. La especulación urbanística, según la Constitución:

a) Debe evitarse.
b) Está permitida.
c) Genera plusvalías para la colectividad.
d) Pueden hacerla los poderes públicos.

41. No es susceptible de recurso de amparo el derecho a la/de:

a) Sindicación.
b) Investigación científica.

c) Secreto de las comunicaciones.
d) Lo son todos ellos.

42. No es susceptible de recurso de amparo el derecho de:

a) Libertad de cátedra.
b) Negociación colectiva.
c) Manifestación.
d) Huelga.

43. Es susceptible de recurso de amparo el derecho a la/de:

a) Libre sindicación.
b) Petición.
c) Cláusula de conciencia.
d) Lo están todos ellos.

44. Una vez declarado el estado de excepción no se puede suspender el derecho/ libertad de:

a) Huelga.
b) Enseñanza.
c) Adopción de medidas de conflicto colectivo.
d) Libertad de circulación.

45. Durante el estado de excepción, un detenido conserva el derecho de/a:

a) Setenta y dos horas para ser puesto a disposición judicial.
b) Secreto de comunicaciones.
c) Asistencia de Letrado.
d) Ninguno de ellos.

Solución al test n.º 1

1. b) En la indisoluble unidad de la Nación española.

2. c) Tienen el deber de conocer y el derecho de usar el castellano.

3. d) De las nacionalidades y regiones que la integran.

4. d) Las respuestas b) y c) son correctas.

5. a) Aprobada por las Cortes el 31 de octubre de 1978, ratificada por el pueblo en referéndum el 6 de diciembre de 1978 y publicada el 29 de diciembre de 1978.

6. b) En el Preámbulo.

7. a) El Rey.

8. d) Ningún español de origen podrá ser privado de su nacionalidad.

9. d) La dignidad de la persona, los derechos inviolables que le son inherentes, el libre desarrollo de su personalidad, el respeto a la ley y a los derechos de los demás.

10. b) El pluralismo político.

11. c) Monarquía parlamentaria.

12. b) Parte orgánica.

13. c) Reside en el pueblo español.

14. b) En el Título Preliminar.

15. a) Consensuada.

16. d) Todas las respuestas son correctas.

17. b) Los delitos políticos.

18. c) Su funcionamiento y estructura interna.

19. b) De cinco.

20. c) Que está limitado por la función social de la misma.

21. b) Igualdad y progresividad.

22. d) Nada de lo expuesto es cierto.

23. b) Aconfesional.

24. c) 15.

25. a) Ha quedado abolida.

26. a) Detención ilegal.

27. b) No dilatarse.

28. c) Puede efectuarse en todo momento.

29. b) Se necesitará autorización judicial para entrar, si no da su consentimiento para ello.

30. c) Sería inconstitucional.

31. b) Universal.

32. c) Secreto profesional.

33. c) Organizaciones Profesionales y la Administración Civil.

34. c) No declarar sobre hechos presuntamente delictivos.

35. a) Es libre.

36. a) No se admite.

37. b) Progresivo y generalizado.

38. a) Entidades constituidas para fines de interés general.

39. b) Es un deber de los padres.

40. a) Debe evitarse.

41. b) Investigación científica.

42. b) Negociación colectiva.

43. d) Lo están todos ellos.

44. b) Enseñanza.

45. c) Asistencia de Letrado.

TEST N.º 2

La organización territorial del Estado: las Comunidades Autónomas. La Administración Local

1. Según la Constitución, las entidades que forman parte de la organización territorial del Estado tienen la nota común de:

a) Autogobierno.
b) Independencia.
c) Autonomía.
d) Financiación propia.

2. La titularidad de la soberanía española radica en el/las:

a) Cortes Generales como representantes del pueblo español.
b) Rey como Jefe del Estado.
c) Pueblo mismo.
d) Nacionalidades y regiones que integran España.

3. No pueden constituirse en Comunidades Autónomas los territorios:

a) Que no estén integrados en la organización provincial.
b) Que, no siendo superiores a una provincia, tengan entidad regional histórica.
c) Que, no siendo superiores a una provincia, no tengan entidad regional histórica.
d) Interinsulares.

4. La vía ordinaria de acceso a la autonomía por el artículo 143 de la Constitución se sigue por los/las:

a) Provincias con entidad regional histórica.
b) Territorios que en el pasado hubieren plebiscitado afirmativamente proyecto de Estatuto de Autonomía.
c) Provincia sin entidad regional histórica directamente.
d) Supuestos especiales de Ceuta, Melilla y Gibraltar.

5. Entre las determinaciones de los Estatutos de Autonomía no es necesario incluir la:

a) Delimitación de su territorio.
b) Denominación de las instituciones autónomas propias.
c) Denominación de la Comunidad.
d) Denominación, organización y sede de sus instituciones administrativas.

6. En las Comunidades Autónomas que siguen la vía común, el Proyecto de Estatuto será elaborado por la/los:

a) Asamblea de Parlamentarios que se constituye al efecto.
b) Comisión Constitucional del Congreso de los Diputados.
c) Diputación Provincial correspondiente.
d) Miembros de la Diputación u órgano interinsular y por los Diputados y Senadores elegidos por ellas.

7. El voto de ratificación por los Plenos del Senado y del Congreso de los Diputados se dará en el/las:

a) Comunidades Autónomas que siguen la vía común.
b) Comunidades Autónomas que siguen la vía especial.
c) Acceso a la autonomía de Ceuta y Melilla.
d) Acceso a la autonomía de Gibraltar.

8. La responsabilidad política del Presidente de una Comunidad Autónoma se exige por el/la:

a) Sala de lo Penal del Tribunal Supremo.
b) Congreso de los Diputados.
c) Tribunal Superior de Justicia de la Comunidad Autónoma.
d) Asamblea Legislativa de la Comunidad Autónoma.

9. La Asamblea Legislativa de las Comunidades Autónomas se elige:

a) Con criterios de representación territorial.
b) Con criterios de representación proporcional.
c) Por sufragio individual.
d) Con criterios de representación provincial.

10. El principio de coordinación con la Hacienda estatal se consigue por:

a) El Fondo de Compensación Interterritorial.
b) Los preceptos de las sucesivas Leyes de Presupuestos Generales del Estado.
c) La creación del Consejo de Política Fiscal y Financiera de las Comunidades Autónomas.
d) Imperativo de la propia Constitución.

11. Los Estatutos de Autonomía deberán contener el/la/las:

a) Competencias que se dejan al Estado y las que asume la Comunidad.
b) Competencias que, en función de la Constitución, asume cada Comunidad Autónoma.
c) Desarrollo de la Administración Autonómica.
d) División provincial y órganos de gobierno.

12. En la reforma de los Estatutos intervienen las Cortes Generales:

a) Siempre.
b) Nunca.
c) Sólo cuando se trata de Comunidades Autónomas que accedieron por la vía común.
d) En las Comunidades Autónomas de vía especial exclusivamente.

13. Los miembros de las Diputaciones u órganos interinsulares intervienen en la elaboración de los Estatutos de Autonomía:

a) En todo caso.
b) Nunca.
c) En las Comunidades Autónomas de vía común.
d) En las Comunidades Autónomas de vía especial.

14. Los Estatutos de Autonomía en la vía común se aprueban por el:

a) Congreso de los Diputados mediante Ley Orgánica.
b) Congreso de los Diputados y Senado por Ley Orgánica.
c) Congreso de los Diputados y Senado por Ley ordinaria.
d) Parlamento Autonómico solamente.

15. La más alta representación de una Comunidad Autónoma la ostenta el:

a) Presidente del Parlamento Autonómico.
b) Presidente de la Comunidad Autónoma.
c) Rey.
d) Presidente del Gobierno de la Nación.

16. La asunción de competencias y de mayor autonomía por las Comunidades Autónomas es, como regla general:

a) Regresiva.
b) Progresiva.
c) Automática.
d) Inmediata.

17. En la elaboración por la vía común de los Estatutos de Autonomía:

a) No intervienen los Municipios afectados.
b) Intervendrán en todo caso.
c) Sólo intervienen las Diputaciones Provinciales u órganos interinsulares.
d) Sólo intervienen los Municipios y los Diputados y Senadores.

18. El principio de solidaridad consagrado por el artículo 138 de la Constitución exige una atención especial a:

a) Las Comunidades Autónomas de economía más deprimida.
b) Las Entidades locales de ámbito territorial inferior al municipal.
c) Todas las partes del territorio nacional.
d) Las Islas.

19. La federación de Comunidades Autónomas, según la Constitución:

a) Sólo se permite respecto de las limítrofes.
b) Requiere Ley Orgánica de las Cortes Generales.
c) Ha de efectuarse previa reforma de la propia Constitución.
d) Está absolutamente prohibida.

20. El artículo 137 de la Constitución Española dispone:

a) El Estado se organiza territorialmente en Municipios, en Provincias y en las Comunidades Autónomas que se constituyan.
b) El Estado se organiza territorialmente en Municipios, en Provincias e Islas.
c) El Estado se organiza territorialmente en Municipios, en Provincias y en Comarcas.
d) El Estado se organiza territorialmente en Municipios, en Provincias y en Concejos.

21. De acuerdo con el artículo 141 de la Constitución Española:

a) El gobierno y la administración autónoma de las provincias estarán encomendados a las Diputaciones u otras Corporaciones de carácter representativo.
b) El gobierno y la administración autónoma de las provincias estarán encomendados al Pleno de la Diputación Provincial.
c) El gobierno y la administración autónoma de las provincias estarán encomendados a la Junta de Gobierno de la Diputación Provincial.
d) El gobierno y la administración autónoma de las Provincias estarán encomendados a las Corporaciones de carácter representativo.

22. Uno de los principios fundamentales en relación con el Régimen Local que recoge la Constitución Española es:

a) La autonomía de las Corporaciones Locales en la gestión de sus intereses.
b) El carácter democrático y representativo de sus órganos de gobierno.

c) La suficiencia de las Haciendas Locales.
d) Todas las respuestas anteriores son correctas.

23. ¿Es posible crear agrupaciones de Municipios diferentes de la Provincia?

a) No.
b) En algunos casos.
c) Solo si lo decide el Presidente del Gobierno.
d) Sí.

24. De conformidad con el artículo 140 de la Constitución Española, los concejales serán elegidos por sufragio:

a) Universal por parte de los ciudadanos del municipio.
b) Universal, igual, libre, e indirecto.
c) Universal, igual, libre, directo y secreto.
d) Universal, igual, libre, directo y secreto, en la forma establecida en la ley.

Solución al test n.º 2

1. c) Autonomía.

2. c) Pueblo mismo.

3. d) Interinsulares.

4. a) Provincias con entidad regional histórica.

5. d) Denominación, organización y sede de sus instituciones administrativas.

6. d) Miembros de la Diputación u órgano interinsular y por los Diputados y Senadores elegidos por ellas.

7. b) Comunidades Autónomas que siguen la vía especial.

8. d) Asamblea Legislativa de la Comunidad Autónoma.

9. b) Con criterios de representación proporcional.

10. c) La creación del Consejo de Política Fiscal y Financiera de las Comunidades Autónomas.

11. b) Competencias que, en función de la Constitución, asume cada Comunidad Autónoma.

12. a) Siempre.

13. c) En las Comunidades Autónomas de vía común.

14. b) Congreso de los Diputados y Senado por Ley Orgánica.

15. b) Presidente de la Comunidad Autónoma.

16. b) Progresiva.

17. a) No intervienen los Municipios afectados.

18. d) Las Islas.

19. d) Está absolutamente prohibida.

20. a) El Estado se organiza territorialmente en Municipios, en Provincias y en las Comunidades Autónomas que se constituyan.

21. a) El gobierno y la administración autónoma de las provincias estarán encomendados a las Diputaciones u otras Corporaciones de carácter representativo.

22. d) Todas las respuestas anteriores son correctas.

23. d) Sí.

24. d) Universal, igual, libre, directo y secreto, en la forma establecida en la ley.

TEST N.º 3

El Estatuto de Autonomía de Aragón. La organización institucional de la Comunidad Autónoma de Aragón. Las Cortes. El Justicia de Aragón

1. Los poderes de la Comunidad Autónoma de Aragón emanan:

a) Del pueblo Aragonés y del Español.
b) Del Pueblo Aragonés y del Estatuto de Autonomía.
c) Del pueblo Aragonés y de la Constitución.
d) De la Nación Aragonesa.

2. La Constitución define los Estatutos de Autonomía como:

a) La norma fundamental de la Comunidad Autónoma.
b) La norma Institucional básica de cada Comunidad Autónoma que el Estado reconoce y ampara como parte integrante de su Ordenamiento Jurídico.
c) La norma Institucional básica de cada Comunidad Autónoma de su Ordenamiento Jurídico Especifico.
d) La norma fundamental de cada Comunidad Autónoma amparada por el Estado.

3. ¿Qué rango normativo tiene el Estatuto de Autonomía de Aragón?

a) Ley Orgánica.
b) Ley de Bases.
c) Ley.
d) Decreto-Ley.

4 ¿Cómo se define a Aragón en el Estatuto de Autonomía?

a) Nacionalidad.
b) Nación.
c) Nacionalidad Histórica.
d) Realidad nacional.

5. ¿Quiénes gozan de la condición política de aragoneses?

a) Los ciudadanos españoles.

b) Los ciudadanos españoles que tengan la vecindad administrativa en cualquier de los municipios de Aragón o cumplan los requisitos que la legislación pueda establecer.

c) Todos aquellos que tengan vecindad en cualquiera de los municipios de Aragón.

d) Los ciudadanos españoles que tengan vecindad administrativa en cualquier de los municipios de Aragón.

6. Según el Estatuto de Autonomía, los derechos y libertades de los Aragoneses y Aragonesas son:

a) Los reconocidos en la Constitución, los incluidos en la declaración universal de los Derecho Humanos y en los demás instrumentos internacionales de protección de los mismos suscritos y ratificados por España, así como los establecidos en el ámbito de la Comunidad Autónoma por el Estatuto.

b) Los reconocidos en la Constitución, los incluidos en la Carta de Derechos de la Unión Europea y en los demás instrumentos internacionales de protección de los mismos suscritos y ratificados por España, así como los establecidos en el ámbito de la Comunidad Autónoma por el presente estatuto.

c) Los reconocidos en la Constitución, los incluidos en la declaración universal de los Derecho Humanos y en los demás instrumentos internacionales de protección de los mismos suscritos y ratificados por Aragón.

d) Ninguna es correcta.

7. ¿Cómo se estructura el articulado del Estatuto de Autonomía de Aragón?

a) En un preámbulo, nueve títulos, seis disposiciones adicionales, cinco disposiciones transitorias, una disposición derogatoria y una disposición final.

b) En un título preliminar y nueve títulos.

c) En nueve títulos, cinco disposiciones adicionales y una disposición derogatoria.

d) En diez títulos, seis disposiciones adicionales y una disposición final.

8. ¿A quién es aplicable del Derecho Foral Aragonés?

a) A los residentes en Aragón.

b) A los que ostenten la vecindad civil aragonesa residentes en Aragón.

c) A los españoles residentes en Aragón.

d) A los que ostenten la vecindad aragonesa independientemente del lugar de su residencia.

9. Aragón se estructura territorialmente en:

a) Municipios, Comarcas y Provincias.

b) Provincias.

c) Provincias y Municipios.
d) Provincias y Comarcas.

10. El territorio de la Comunidad Autónoma se corresponde:

a) Con el de las provincias de Zaragoza, Huesca y Teruel.
b) Con el de las comarcas de Aragón.
c) Con el histórico de Aragón comprendiendo el de los municipios, comarcas y provincias de Huesca, Teruel y Zaragoza.
d) Con el de los municipios de Aragón.

11. No es un principio político y administrativo derivado de la Constitución en relación con el Estatuto de Autonomía de Aragón:

a) Principio de unidad coordinación y cooperación institucional.
b) Principio de equilibrio territorial.
c) Principio democrático.
d) Principio de exclusividad del derecho estatal.

12. Según el Estatuto de Autonomía de Aragón los derechos, libertades y deberes de los Aragoneses y Aragonesas son:

a) Los establecidos en la Constitución y en la Declaración Universal de los derechos del Hombre.
b) Los establecidos en la Constitución y en el propio Estatuto de Autonomía de Aragón.
c) Exclusivamente los establecidos en el Estatuto de Autonomía de Aragón.
d) Todos son correctos.

13. En relación con la salud, ¿a qué tienen derecho los usuarios del sistema público de salud según el Estatuto de Autonomía de Aragón?

a) A la libre elección de médico y centro sanitario, en los términos que establecen las leyes.
b) A acceder a los Servicios Públicos y Privados de Salud.
c) A acceder a los Servicios Públicos de Salud en condiciones de igualdad.
d) A la asistencia sanitaria gratuita.

14. ¿Quiénes tienen derecho, según el Estatuto de Autonomía de Aragón, al acceso en condiciones de igualdad a unos Servicios Públicos de calidad?

a) Todos los ciudadanos.
b) Los españoles y ciudadanos europeos.
c) Todas las personas.
d) Los ciudadanos españoles y extranjeros.

15. La ordenación y organización de los servicios de justicia gratuita y orientación jurídica gratuita en el territorio de Aragón corresponde:

a) A la Comunidad Autónoma de Aragón.
b) Al Estado.
c) Al Consejo General del poder Judicial.
d) Al ministerio de Justicia.

16. Son instituciones de la Comunidad Autónoma de Aragón:

a) Las Cortes y el Justicia.
b) El Presidente.
c) El Gobierno o la Diputación General.
d) Todas las anteriores lo son.

17. El Presidente del Tribunal Superior de Justicia de Aragón es nombrado:

a) Por el Presidente de Aragón a propuesta del Consejo General del Poder Judicial.
b) Por el Rey a propuesta del Presidente de Aragón.
c) Por el Presidente del Gobierno de España a propuesta del Consejo de Justicia de Aragón.
d) Ninguna de las anteriores es correcta.

18. Las Cortes de Aragón son:

a) Soberanas.
b) Inviolables.
c) Independientes.
d) Autónomas.

19. ¿A quién corresponde el examen, enmienda, aprobación y control del presupuesto de la Comunidad Autónoma de Aragón?

a) A las Cortes de Aragón.
b) Al Gobierno de Aragón.
c) A las Cortes Generales.
d) Al Gobierno de España.

20. Según el Estatuto de Autonomía de Aragón la iniciativa legislativa corresponde:

a) A los miembros de las Cortes de Aragón y al Gobierno de Aragón.
b) A los miembros de las Cortes de Aragón y al Congreso de los Diputados.
c) Al Gobierno de España y al Gobierno de Aragón.
d) A las Cortes de Aragón y al Senado.

21. ¿Quiénes serán elegibles a Cortes?

a) Los ciudadanos y ciudadanas que, teniendo la condición política de aragoneses, se encuentren en el pleno uso de sus derechos políticos.
b) Cualquier aragonés o aragonesa que resida en el territorio de Aragón.
c) Cualquier español.
d) Los ciudadanos y ciudadanas que estén en pleno usos de sus derechos políticos.

22. ¿Quién podrá acordar la disolución de las Cortes de Aragón con anticipación al termino natural de la legislatura?

a) El Presidente bajo su exclusiva responsabilidad.
b) El Presidente, previa deliberación del Gobierno de Aragón y bajo su exclusiva responsabilidad.
c) El Gobierno de Aragón.
d) El Presidente con la aprobación del Gobierno de Aragón.

23. Según el Estatuto de la Autonomía de Aragón la moción de censura deberá ser propuesta:

a) Al menos por un 15 % de los Diputados y Diputadas.
b) Por un mínimo del 20 % de los miembros de la Cortes.
c) Por mayoría simple de las Cortes.
d) Ninguno de los anteriores es correcta.

Solución al test n.º 3

1. c) Del pueblo Aragonés y de la Constitución.

2. b) La norma Institucional básica de cada Comunidad Autónoma que el Estado reconoce y ampara como parte integrante de su Ordenamiento Jurídico.

3. a) Ley Orgánica.

4. c) Nacionalidad Histórica.

5. b) Los ciudadanos españoles que tengan la vecindad administrativa en cualquiera de los municipios de Aragón o cumplan los requisitos que la legislación pueda establecer.

6. a) Los reconocidos en la Constitución, los incluidos en la declaración universal de los Derecho Humanos y en los demás instrumentos internacionales de protección de los mismos suscritos y ratificados por España, así como los establecidos en el ámbito de la Comunidad Autónoma por el Estatuto.

7. b) En un título preliminar y nueve títulos.

8. d) A los que ostenten la vecindad aragonesa independientemente del lugar de su residencia.

9. a) Municipios, Comarcas y Provincias.

10. c) Con el histórico de Aragón comprendiendo el de los municipios, comarcas y provincias de Huesca, Teruel y Zaragoza.

11. d) Principio de exclusividad del derecho estatal.

12. b) Los establecidos en la Constitución y en el propio Estatuto de Autonomía de Aragón.

13. a) A la libre elección de médico y centro sanitario, en los términos que establecen las leyes.

14. c) Todas las personas.

15. a) A la Comunidad Autónoma de Aragón.

16. d) Todas las anteriores lo son.

17. d) Ninguna de las anteriores es correcta.

18. b) Inviolables.

19. a) A las Cortes de Aragón.

20. a) A los miembros de las Cortes de Aragón y al Gobierno de Aragón.

21. a) Los ciudadanos y ciudadanas que, teniendo la condición política de aragoneses, se encuentren en el pleno uso de sus derechos políticos.

22. b) El Presidente, previa deliberación del Gobierno de Aragón y bajo su exclusiva responsabilidad.

23. a) Al menos por un 15 % de los Diputados y Diputadas.

TEST N.º 4

Los órganos de gobierno y administración de la Comunidad Autónoma de Aragón. El Gobierno de Aragón. La estructura administrativa

1. El sector público autonómico de Aragón está comprendido por:

a) La Administración de la Comunidad Autónoma de Aragón y el sector público institucional de la Comunidad Autónoma.
b) La Administración General de la Comunidad Autónoma de Aragón y sus organismos autónomos.
c) La Administración de la Comunidad Autónoma de Aragón.
d) El sector público institucional de la Comunidad Autónoma de Aragón.

2. Según el artículo 2.3 de la Ley 5/2021, de 29 de junio, de Organización y Régimen Jurídico del Sector Público Autonómico de Aragón, tienen la consideración de Administración pública:

a) Las fundaciones del sector público.
b) Los consorcios autonómicos.
c) Las sociedades mercantiles autonómicas.
d) Las universidades públicas integradas en el Sistema Universitario de Aragón.

3. Conforme al artículo 3 de la Ley 5/2021, entre los principios que la Administración Pública de Aragón debe respetar en su actuación y relaciones, está la ……………, claridad, accesibilidad y proximidad a los ciudadanos y ciudadanas. Señala la palabra que falta:

a) Simplicidad.
b) Agilización.
c) Transparencia.
d) Objetividad.

4. Cuando la Administración pública de la Comunidad Autónoma de Aragón establezca medidas que limiten el ejercicio de derechos individuales o colectivos o exija el cumplimiento de requisitos para el desarrollo de una actividad, deberá aplicar el principio de proporcionalidad y elegir la medida:

a) Más eficiente.
b) Menos duradera.
c) Más simple.
d) Menos restrictiva.

5. En todo caso, corresponden a los organismos públicos y consorcios autonómicos las siguientes potestades o prerrogativas:

a) La potestad de autoorganización.
b) La presunción de legitimidad y la ejecutoriedad de sus actos.
c) La potestad expropiatoria.
d) Los poderes de ejecución forzosa, incluida la facultad de apremio.

6. Son órganos superiores de la Administración de la Comunidad Autónoma de Aragón:

a) Las direcciones generales.
b) Las secretarías generales técnicas.
c) Los vicepresidentes o vicepresidentas.
d) Los delegados y delegadas territoriales del Gobierno de Aragón.

7. Son elementos organizativos básicos de la Administración de la Comunidad Autónoma de Aragón:

a) Los Servicios provinciales.
b) Los delegados y delegadas territoriales.
c) Las direcciones generales.
d) Los puestos de trabajo.

8. Los delegados y delegadas territoriales del Gobierno de Aragón tienen nivel orgánico de:

a) Viceconsejero.
b) Consejero.
c) Director General.
d) Subdirector General.

9. Las unidades administrativas de la Administración de la Comunidad Autónoma de Aragón se crearán, modificarán y suprimirán:

a) Por Decreto del Gobierno de Aragón.
b) Por Resolución del Consejero competente en materia de administraciones públicas.

c) Por Orden del Consejero correspondiente.
d) A través de las relaciones de puestos de trabajo.

10. Las propuestas sobre modificación de estructuras de los diversos departamentos de la Administración de la Comunidad Autónoma de Aragón deberán cumplir los requisitos que se establezcan reglamentariamente y tendrán que ir acompañadas de un estudio comparativo de su coste económico. Estas propuestas serán remitidas a la Inspección General de Servicios para su informe preceptivo dentro de:

a) Los 10 días siguientes.
b) Los 15 días siguientes.
c) Los 20 días siguientes.
d) Los 30 días siguientes.

11. Tal como señala el artículo 77 de la Ley 5/2021, la Administración de la comunidad autónoma se organiza en:

a) Ministerios.
b) Consejerías.
c) Departamentos.
d) Sectores de la actividad administrativa.

12. Las secretarías generales técnicas tendrán nivel orgánico de:

a) Servicio.
b) Dirección General.
c) Subdirección General.
d) Unidad administrativa.

13. Las decisiones administrativas de las personas titulares de las direcciones generales adoptarán la forma de:

a) Decreto.
b) Orden.
c) Resolución.
d) Disposición.

14. Es la denominación actual de uno de los Departamentos de la Administración de la Comunidad Autónoma de Aragón:

a) Departamento de Salud.
b) Departamento de Economía y Hacienda.
c) Departamento de Administración Pública.
d) Departamento de Educación, Cultura y Deporte.

15. Actualmente, se le atribuye la portavocía del Gobierno de Aragón a:

a) La Vicepresidencia del Gobierno.
b) El Departamento de Presidencia, Economía y Justicia.
c) El Departamento de Hacienda, Interior y Administración Pública.
d) El Departamento de Economía, Planificación y Desarrollo.

16. ¿A qué Departamento queda adscrito el Instituto Aragonés de la Mujer?

a) Departamento de Bienestar Social y Familia.
b) Departamento de Presidencia, Economía y Justicia.
c) Departamento de Empleo, Ciencia y Universidades.
d) Departamento de Educación, Cultura y Deporte.

17. Los órganos administrativos provinciales de mayor rango de cada departamento recibirán el nombre de:

a) Direcciones provinciales.
b) Delegaciones territoriales.
c) Servicios provinciales.
d) Subdepartamentos.

18. Según el artículo 83 de la Ley 5/2021, la organización territorial de la Administración de la comunidad autónoma se establecerá:

a) Por Ley de las Cortes de Aragón.
b) Mediante Decreto del Gobierno de Aragón.
c) Por Resolución del titular del Departamento competente en materia de relaciones institucionales.
d) Mediante Decreto de la Presidencia del Gobierno de Aragón.

19. Según el artículo 82 de la Ley 5/2021, corresponde a las personas titulares de las delegaciones territoriales del Gobierno de Aragón .... la actividad de los servicios de la Administración de la comunidad autónoma en la provincia y de sus organismos públicos. Señala la palabra que falta:

a) Coordinar.
b) Regular.
c) Inspeccionar.
d) Proponer.

20. ¿Cuál de las siguientes Direcciones Generales pertenece al Departamento de Hacienda, Interior y Administración Pública?

a) Dirección General de Promoción Industrial e Innovación.
b) Dirección General de Planificación, Centros y Formación Profesional.

c) Dirección General de Cultura.
d) Dirección General de Interior y Emergencias.

21. ¿Qué organismo está adscrito al Departamento de Medio Ambiente y Turismo?

a) Instituto Tecnológico de Aragón.
b) Instituto Aragonés del Agua.
c) Instituto Aragonés de la Mujer.
d) Instituto Aragonés de Empleo.

22. ¿En qué Departamento se encuentra la Dirección General de Despoblación?

a) Fomento, Vivienda, Logística y Cohesión Territorial.
b) Agricultura, Ganadería y Alimentación.
c) Sanidad.
d) Bienestar Social y Familia.

24. ¿Qué función adicional ejerce la Secretaría General de la Presidencia?

a) Coordinar la función pública.
b) Control de fondos europeos.
c) Secretaría de actas del Gobierno.
d) Gestión de carreteras.

25. ¿Qué organismo está adscrito al Departamento de Presidencia, Economía y Justicia?

a) Instituto Tecnológico de Aragón.
b) Instituto Aragonés de Empleo.
c) Instituto Aragonés del Agua.
d) Instituto Aragonés de Servicios Sociales.

26. El Presidente de Aragón es elegido:

a) Por la Cortes Generales y nombrado por el Rey.
b) Por las Cortes de Aragón, entre sus diputados y diputadas, y nombrado por el Rey.
c) Por las Cortes de Aragón y nombrado por las Cortes Generales.
d) Ninguna de las anteriores es correcta.

27. Corresponde al Gobierno de Aragón:

a) Aprobar el presupuesto de la Comunidad Autónoma.
b) Convocar a las Cortes de Aragón en sesión extraordinaria.
c) Autorizar los acuerdos de colaboración en el ámbito de la Unión Europea y de acción exterior.
d) Disolver las Cortes y convocar elecciones.

28. El Gobierno en funciones no podrá autorizar expedientes de contratación cuyo valor estimado supere (a partir de):

a) Los 900.000 euros.
b) Los 3.000.000 euros.
c) Los 10.000.000 euros.
d) Los 25.000.000 euros.

29. Las decisiones del Gobierno de Aragón que no deban adoptar la forma de decreto adoptarán la forma de:

a) Acuerdo del Gobierno.
b) Orden del Gobierno.
c) Resolución del Gobierno.
d) Disposición del Gobierno.

30. Las Cortes electas quedarán disueltas, procediéndose a la convocatoria de nuevas elecciones, si ningún candidato a la Presidencia del Gobierno de Aragón hubiere sido investido, habiendo transcurrido desde la constitución de las Cortes de Aragón:

a) Un mes.
b) Dos meses.
c) Cuarenta días.
d) Cincuenta días.

31. Según el artículo 26 del *Decreto Legislativo 1/2022, de 6 de abril, del Gobierno de Aragón, por el que se aprueba el texto refundido de la Ley del Presidente o Presidenta y del Gobierno de Aragón*, en relación a la Comisión de Secretarias y Secretarios Generales Técnicos, es cierto que:

a) Sus normas de funcionamiento serán aprobadas por el Gobierno.
b) Su presidencia ha de corresponder al Secretario General de la Presidencia.
c) Podrá adoptar decisiones o acuerdos por delegación del Gobierno.
d) Estará integrada por la o el Secretario General de la Presidencia, las y los secretarios generales técnicos y miembros del Gobierno que designe el Gobierno.

32. Según el Estatuto de la Autonomía de Aragón la moción de censura deberá ser propuesta:

a) Al menos por un 15 % de los Diputados y Diputadas.
b) Por un mínimo del 20 % de los miembros de la Cortes.
c) Por mayoría simple de las Cortes.
d) Ninguno de los anteriores es correcta.

33. Según el Estatuto de Autonomía de Aragón el Gobierno de Aragón podrá:

a) Interponer recursos de inconstitucionalidad.
b) Plantear conflictos de competencias.
c) Las opciones a) y b) son correctas.
d) Ninguna es correcta.

34. ¿Quiénes constituyen el Gobierno de Aragón?

a) El Presidente, los Vicepresidentes, en su caso, y los Consejeros.
b) El Presidente y los Ministros.
c) El Presidente y los Consejeros.
d) Ninguno de los anteriores forma parte del Gobierno de Aragón.

Solución al test n.º 4

1. a) La Administración de la Comunidad Autónoma de Aragón y el sector público institucional de la Comunidad Autónoma.

2. b) Los consorcios autonómicos.

3. a) Simplicidad.

4. d) Menos restrictiva.

5. b) La presunción de legitimidad y la ejecutoriedad de sus actos.

6. c) Los vicepresidentes o vicepresidentas.

7. d) Los puestos de trabajo.

8. c) Director General.

9. d) A través de las relaciones de puestos de trabajo.

10. a) Los 10 días siguientes.

11. c) Departamentos.

12. b) Dirección General.

13. c) Resolución.

14. d) Departamento de Educación, Cultura y Deporte.

15. b) El Departamento de Presidencia, Economía y Justicia.

16. b) Departamento de Presidencia, Economía y Justicia.

17. c) Servicios provinciales.

18. b) Mediante Decreto del Gobierno de Aragón.

19. a) Coordinar.

20. d) Dirección General de Interior y Emergencias.

21. b) Instituto Aragonés del Agua.

22. a) Fomento, Vivienda, Logística y Cohesión Territorial.

24. c) Secretaría de actas del Gobierno.

25. a) Instituto Tecnológico de Aragón.

26. b) Por las Cortes de Aragón, entre sus diputados y diputadas, y nombrado por el Rey.

27. c) Autorizar los acuerdos de colaboración en el ámbito de la Unión Europea y de acción exterior.

28. b) Los 3.000.000 euros.

29. a) Acuerdo del Gobierno.

30. b) Dos meses.

31. d) Estará integrada por la o el Secretario General de la Presidencia, las y los secretarios generales técnicos y miembros del Gobierno que designe el Gobierno.

32. a) Al menos por un 15 % de los Diputados y Diputadas.

33. c) Las opciones a) y b) son correctas.

34. a) El Presidente, los Vicepresidentes, en su caso, y los Consejeros.

TEST N.º 5

El personal de las Administraciones Públicas. Estructura y organización de la Función Pública de la Comunidad Autónoma de Aragón. Derechos y deberes de los funcionarios. Incompatibilidades. Régimen disciplinario

1. ¿De qué forma se aprobó la vigente Ley del Estatuto Básico del Empleado Público?

a) Por una Ley Orgánica.
b) Mediante un Texto Refundido.
c) Mediante una Ley de Bases.
d) Por un Real Decreto-Ley.

2. El empleo en el sector público se caracteriza por estar configurado por un modelo:

a) Unitario de personal funcionario.
b) Unitario de personal estatutario.
c) Dual de regímenes jurídicos, personal funcionario y personal laboral.
d) De tres regímenes jurídicos, personal funcionario, personal laboral y personal de designación.

3. El EBEP contiene:

a) Aquello que es común al conjunto de los empleados públicos de todas las Administraciones Públicas.
b) Las normas legales específicas aplicables a los empleados públicos de todas las Administraciones Públicas.
c) Aquello que es común al conjunto de los funcionarios de todas las Administraciones Públicas, más las normas legales específicas aplicables al personal laboral a su servicio.
d) Aquello que es común al conjunto del personal laboral de todas las Administraciones Públicas, más las normas legales específicas aplicables al personal funcionario a su servicio.

4. El artículo 8 del Texto Refundido de la Ley del Estatuto Básico del Empleado Público, aprobado por el Real Decreto Legislativo 5/2015, de 30 de octubre, define como aquellos quienes desempeñan funciones retribuidas en las Administraciones Públicas al servicio de los intereses generales:

a) A los Funcionarios públicos.
b) A los Empleados públicos.
c) Al Personal laboral de las Administraciones Públicas.
d) Al personal estatutario.

5. Corresponden en exclusiva a los funcionarios públicos, en los términos que en la ley de desarrollo de cada Administración Pública se establezca, el ejercicio de las funciones que impliquen la participación directa o indirecta:

a) En el archivo y documentación de información administrativa.
b) En tareas administrativas.
c) En el ejercicio de las potestades públicas.
d) En las tareas directivas.

6. Según el EBEP hay dos tipos de funcionarios:

a) Civiles y militares.
b) De carrera e interinos.
c) Fijos y eventuales.
d) Indefinidos o temporales.

7. Podrá nombrarse personal funcionario interino para la ejecución de programas de carácter temporal, que no podrán tener una duración:

a) Inferior a 3 años.
b) Superior a 2 años, ampliable hasta doce meses más por las leyes de Función Pública que se dicten en desarrollo del TR-LEBEP.
c) Superior a 3 años, ampliable hasta doce meses más por las leyes de Función Pública que se dicten en desarrollo del TR-LEBEP.
d) Superior a 6 meses, dentro de un periodo de doce meses.

8. El personal laboral al servicio de las Administraciones Públicas NO puede desempeñar puestos:

a) Correspondientes a áreas de actividades que requieran conocimientos técnicos especializados.
b) En el extranjero con funciones administrativas de trámite y colaboración y auxiliares, aunque comporten manejo de máquinas, archivo y similares.
c) Cuyas actividades sean propias de oficios.
d) Que impliquen la participación directa o indirecta en la salvaguardia de los intereses generales del Estado y de las Administraciones Públicas.

9. En relación al personal eventual, el EBEP dispone que:

a) El número máximo de este tipo de personal se establecerá por ley de las Cortes Generales o de las Asambleas legislativas de las Comunidades Autónomas.

b) El cese de este personal no va ligado, en ningún caso, al de la autoridad a la que se preste la función de confianza o asesoramiento.

c) La condición de personal eventual constituye mérito para el acceso a la Función Pública y para la promoción interna.

d) Este personal solo realiza funciones expresamente calificadas como de confianza o asesoramiento especial.

10. ¿Cuál de las siguientes Escalas de funcionarios de la Administración de la Comunidad Autónoma de Aragón pertenece al Grupo B?

a) Escala de Letrados de los Servicios Jurídicos.

b) Escala Ejecutiva de Agentes para la Protección de la Naturaleza.

c) Escala Técnica de Gestión.

d) Escala de Ayudantes Facultativos.

11. Según el DL 1/1991, ¿cuál de las siguientes Escalas no está integrada en el Cuerpo Ejecutivo?

a) Escala de Ayudantes Facultativos.

b) Escala General Administrativa.

c) Escala Técnica Sanitaria.

d) Escala Ejecutiva de Agentes para la Protección de la Naturaleza.

12. La Oferta de empleo público o instrumento similar comportará la obligación de convocar los correspondientes procesos selectivos para las plazas comprometidas y hasta:

a) Un 10 % adicional.

b) Un 15 % adicional.

c) Un 20 % adicional.

d) Un 30 % adicional.

13. Sin perjuicio de una mayor duración de los cursos selectivos que pudieran establecerse, la realización de las pruebas convocadas por la Administración de la Comunidad Autónoma de Aragón, la realización de las pruebas deberá concluir:

a) Dentro de los 6 meses siguientes a su convocatoria.

b) Dentro de los 9 meses siguientes a su convocatoria.

c) Dentro de los 12 meses siguientes a su convocatoria.

d) Dentro de los 18 meses siguientes a su convocatoria.

14. A tenor del artículo 14 del EBEP los empleados públicos tienen derecho:

a) A la inamovilidad en la condición de funcionario de carrera.

b) A la formación continua y a la actualización permanente de sus conocimientos y capacidades profesionales, preferentemente fuera del horario laboral.

c) A la libertad de expresión, sin restricción alguna.

d) A participar en la consecución de los objetivos atribuidos a la unidad donde preste sus servicios y a ser consultado por sus superiores por las tareas a desarrollar.

15. Los empleados públicos tienen derecho a la libertad de expresión:

a) En los términos que establezca una ley.

b) En los términos que se establezcan reglamentariamente.

c) A través de sus representantes sindicales.

d) Dentro de los límites del ordenamiento jurídico.

16. En relación al sistema retributivo de los empleados públicos, es cierto, según el EBEP, que:

a) Podrán acordarse incrementos retributivos que globalmente supongan un incremento de la masa salarial superior a los límites fijados anualmente en la Ley de Presupuestos Generales del Estado para el personal.

b) Podrá percibirse participación en tributos o en cualquier otro ingreso de las Administraciones Públicas como contraprestación de cualquier servicio, participación o premio en multas impuestas, excepto cuando estuviesen normativamente atribuidas a los servicios.

c) Las cuantías de las retribuciones básicas y el incremento de las cuantías globales de las retribuciones complementarias de los funcionarios, así como el incremento de la masa salarial del personal laboral, deberán reflejarse para cada ejercicio presupuestario en la correspondiente ley de presupuestos.

d) Las Administraciones Públicas podrán destinar cantidades por encima del porcentaje de la masa salarial que se fije en las correspondientes Leyes de Presupuestos Generales del Estado a financiar aportaciones a planes de pensiones de empleo o contratos de seguro colectivos que incluyan la cobertura de la contingencia de jubilación, para el personal incluido en sus ámbitos, de acuerdo con lo establecido en la normativa reguladora de los Planes de Pensiones.

17. Las Administraciones Públicas podrán destinar cantidades hasta el porcentaje de la masa salarial que se fije en las correspondientes Leyes de Presupuestos Generales del Estado a financiar aportaciones a planes de pensiones de empleo o contratos de seguro colectivos; estas cantidades tendrán a todos los efectos la consideración de:

a) Retribución básica.

b) Retribución complementaria.

c) Indemnización.

d) Retribución diferida.

18. Las retribuciones de los funcionarios en prácticas:

a) Se corresponderán a las del sueldo del Subgrupo o Grupo, en el supuesto de que este no tenga Subgrupo, en que aspiren a ingresar.

b) No podrán superar las del sueldo del Subgrupo o Grupo, en el supuesto de que este no tenga Subgrupo, en que aspiren a ingresar.

c) Se determinarán de acuerdo con la legislación laboral, el convenio colectivo que sea aplicable y el contrato de trabajo.

d) Como mínimo, se corresponderán a las del sueldo del Subgrupo o Grupo, en el supuesto de que este no tenga Subgrupo, en que aspiren a ingresar.

19. La cuantía y estructura de las retribuciones complementarias de los funcionarios se establecerán por:

a) Ley estatal.
b) Las correspondientes leyes de cada Administración Pública.
c) Real Decreto del Consejo de Ministros.
d) Decreto del correspondiente Consejo de Gobierno de la Administración Autonómica.

20. ¿Podrá percibirse participación en tributos o en cualquier otro ingreso de las Administraciones Públicas como contraprestación de cualquier servicio, participación o premio en multas impuestas?

a) No, en ningún caso.
b) Sí, en cualquier caso.
c) No, excepto cuando estuviesen normativamente atribuidas a los servicios.
d) Sí, excepto cuando estuviesen normativamente atribuidas a los servicios.

21. Los funcionarios públicos tendrán un permiso por matrimonio de:

a) 10 días.
b) 15 días.
c) 20 días.
d) 30 días.

22. ¿Hasta qué edad del hijo puede disfrutarse la parte adicional de 2 semanas (o 4 en monoparentalidad) del permiso por nacimiento para la madre biológica?

a) Hasta los 6 años.
b) Hasta los 8 años.
c) Hasta los 10 años.
d) Hasta los 12 años.

23. Durante el disfrute de los permisos por nacimiento, adopción, guarda con fines de adopción o acogimiento, tanto temporal como permanente, ¿es posible participar en cursos de formación convocados por la Administración?

a) No, en ningún caso.
b) Sí, pero solo presenciales.

c) Sí, una vez finalizado el descanso obligatorio.

d) Solo si se trata de formación online.

24. Tal y como señala el artículo 50 del EBEP, los funcionarios públicos tendrán derecho a disfrutar, durante cada año natural, de unas vacaciones retribuidas de:

a) 1 mes.

b) 30 días naturales.

c) 22 días hábiles.

d) 30 días hábiles.

25. Según el artículo 47 del EBEP, la jornada de trabajo de los funcionarios públicos podrá ser:

a) Ordinaria o extraordinaria.

b) Continua o partida.

c) En turno de mañana, en turno de tarde o en turno de noche.

d) A tiempo completo o a tiempo parcial.

26. Los Empleados Públicos:

a) Podrán voluntariamente acatar la Constitución y el resto de normas que integran el ordenamiento jurídico.

b) Podrán abstenerse en aquellos asuntos en los que tengan un interés personal.

c) Su actuación perseguirá la satisfacción de los intereses del Gobierno.

d) Guardarán secreto de las materias clasificadas.

27. Según el artículo 53 del EBEP, es un principio del código ético de los empleados públicos:

a) El desempeño de las tareas correspondientes a su puesto de trabajo se realizará de forma diligente y cumpliendo la jornada y el horario establecidos.

b) Honradez.

c) Respeto a la igualdad entre mujeres y hombres.

d) Ajustar su actuación a los principios de lealtad y buena fe con la Administración en la que presten sus servicios, y con sus superiores, compañeros, subordinados y con los ciudadanos.

28. Según el artículo 52 del EBEP, los empleados públicos deberán actuar con arreglo a una serie de principios, entre los que figura:

a) Productividad.

b) Eficiencia.

c) Ejemplaridad.

d) Compatibilidad.

29. ¿Cuál de los siguientes es un principio de conducta de los empleados públicos?

a) Cumplir con diligencia las tareas que les correspondan o se les encomienden y, en su caso, resolver dentro de plazo los procedimientos o expedientes de su competencia.

b) No aceptar ningún trato de favor o situación que implique privilegio o ventaja injustificada, por parte de personas físicas o entidades privadas.

c) Realizar el desempeño de las tareas correspondientes a su puesto de trabajo de forma diligente y cumpliendo la jornada y el horario establecidos.

d) Basar su conducta en el respeto de los derechos fundamentales y libertades públicas, evitando toda actuación que pueda producir discriminación alguna por razón de nacimiento, origen racial o étnico, género, sexo, orientación sexual, religión o convicciones, opinión, discapacidad, edad o cualquier otra condición o circunstancia personal o social.

30. Para tener derecho a la promoción interna, los funcionarios deberán tener una antigüedad de servicio activo en el inferior subgrupo o grupo de clasificación profesional, de al menos:

a) Dos años.
b) Tres años.
c) Cuatro años.
d) Cinco años.

31. El conjunto ordenado de oportunidades de ascenso y expectativas de progreso profesional conforme a los principios de igualdad, mérito y capacidad, se denomina:

a) Evaluación del desempeño.
b) Promoción profesional.
c) Promoción interna.
d) Carrera profesional.

32. Todos los funcionarios de carrera adquirirán un grado personal por el desempeño de uno o más puestos del nivel correspondiente durante:

a) 2 años continuados o 3 con interrupción.
b) 3 años continuados o 4 con interrupción.
c) 3 años continuados o 5 con interrupción.
d) 4 años continuados o 5 con interrupción.

33. Las pruebas de promoción interna para funcionarios de la Administración de la Comunidad Autónoma de Aragón:

a) Deberán llevarse a cabo en convocatorias independientes de las de ingreso.
b) Deberán llevarse a cabo en convocatorias conjuntas con las de ingreso.

c) Podrán llevarse a cabo en convocatorias independientes de las de ingreso cuando, por conveniencia de la planificación de los recursos humanos, así lo autorice el Gobierno de Aragón.

d) Podrán llevarse a cabo en convocatorias independientes de las de ingreso cuando, por conveniencia de la planificación de los recursos humanos, así lo autorice el consejero competente en materia de función pública.

34. Durante el tiempo en que realice funciones en promoción interna temporal, el funcionario de la Administración de la Comunidad Autónoma de Aragón pasará en la escala o clase de especialidad de origen a la situación de:

a) Servicio activo.
b) Excedencia voluntaria por incompatibilidad.
c) Excedencia forzosa.
d) Servicios especiales.

35. Completar la siguiente frase: "Los empleados públicos tienen derecho a la negociación colectiva, representación y .... para la determinación de sus condiciones de trabajo":

a) Evaluación del desempeño.
b) Huelga.
c) Participación institucional.
d) Convenio.

36. Quedan excluidas de la obligatoriedad de la negociación colectiva:

a) Las normas que fijen los criterios y mecanismos generales en materia de evaluación del desempeño.
b) Los criterios generales para la determinación de prestaciones sociales y pensiones de clases pasivas.
c) Los criterios generales sobre ofertas de empleo público.
d) La determinación de condiciones de trabajo del personal directivo.

37. Las Juntas de Personal se constituirán en unidades electorales que cuenten con un censo mínimo de:

a) 15 funcionarios.
b) 25 funcionarios.
c) 30 funcionarios.
d) 50 funcionarios.

38. Tal y como señala el artículo 46 del EBEP, están legitimados para convocar una reunión los empleados públicos de las Administraciones respectivas en número no inferior:

a) Al 10 % del colectivo convocado.
b) Al 20 % del colectivo convocado.

c) Al 30 % del colectivo convocado.
d) Al 40 % del colectivo convocado.

39. Será objeto de negociación, en su ámbito respectivo y en relación con las competencias de cada Administración Pública y con el alcance que legalmente proceda:

a) La determinación concreta de los procedimientos de acceso al empleo público.
b) La regulación concreta de los criterios de promoción profesional.
c) Las materias referidas a calendario laboral.
d) La determinación de condiciones de trabajo del personal directivo.

40. ¿Qué Ley regula las incompatibilidades del Personal al Servicio de las Administraciones Públicas?

a) Ley 53/1984, de 26 de diciembre.
b) Ley 84/2003, de 5 de marzo.
c) Ley 34/2008, de 23 de septiembre.
d) Ley 55/1988, de 19 de octubre.

41. Se considera falta muy grave de los empleados públicos:

a) El incumplimiento del deber de respeto a la Constitución a los respectivos Estatutos de Autonomía de las Comunidades Autónomas en el ejercicio de la función pública.
b) El abuso de autoridad en el desempeño de sus funciones.
c) La tolerancia por los superiores jerárquicos de la comisión de faltas muy graves del personal bajo su dependencia.
d) Las acciones u omisiones dirigidas a evadir los sistemas de control de horarios o a impedir que sean detectados los incumplimientos injustificados de la jornada de trabajo.

42. Las faltas disciplinarias muy graves prescriben:

a) Al año.
b) A los 3 años.
c) A los 5 años.
d) No prescriben mientras no se extinga la condición de personal funcionario de carrera.

43. Según el artículo 97 del EBEP, las sanciones impuestas por faltas leves prescribirán:

a) A los 6 meses.
b) Al año.
c) A los 2 años.
d) A los 3 años.

44. Según el artículo 98 del EBEP, el procedimiento disciplinario que se establezca en el desarrollo del Estatuto se estructurará atendiendo a los principios de eficacia, celeridad y:

a) Transparencia.
b) Presunción de inocencia.

c) Legalidad.
d) Economía procesal.

45. Las infracciones graves prescribirán:

a) A los 3 años.
b) A los 2 años.
c) Al año.
d) A los 6 meses.

Solución al test n.º 5

1. b) Mediante un Texto Refundido.

2. c) Dual de regímenes jurídicos, personal funcionario y personal laboral.

3. c) Aquello que es común al conjunto de los funcionarios de todas las Administraciones Públicas, más las normas legales específicas aplicables al personal laboral a su servicio.

4. b) A los Empleados públicos.

5. c) En el ejercicio de las potestades públicas.

6. b) De carrera e interinos.

7. c) Superior a 3 años, ampliable hasta doce meses más por las leyes de Función Pública que se dicten en desarrollo del TR-LEBEP.

8. d) Que impliquen la participación directa o indirecta en la salvaguardia de los intereses generales del Estado y de las Administraciones Públicas.

9. d) Este personal solo realiza funciones expresamente calificadas como de confianza o asesoramiento especial.

10. c) Escala Técnica de Gestión.

11. c) Escala Técnica Sanitaria.

12. a) Un 10 % adicional.

13. a) Dentro de los 6 meses siguientes a su convocatoria.

14. a) A la inamovilidad en la condición de funcionario de carrera.

15. d) Dentro de los límites del ordenamiento jurídico.

16. c) Las cuantías de las retribuciones básicas y el incremento de las cuantías globales de las retribuciones complementarias de los funcionarios, así como el incremento de la masa salarial del personal laboral, deberán reflejarse para cada ejercicio presupuestario en la correspondiente ley de presupuestos.

17. d) Retribución diferida.

18. d) Como mínimo, se corresponderán a las del sueldo del Subgrupo o Grupo, en el supuesto de que este no tenga Subgrupo, en que aspiren a ingresar.

19. b) Las correspondientes leyes de cada Administración Pública.

20. a) No, en ningún caso.

21. b) 15 días.

22. b) Hasta los 8 años.

23. c) Sí, una vez finalizado el descanso obligatorio.

24. c) 22 días hábiles.

25. d) A tiempo completo o a tiempo parcial.

26. d) Guardarán secreto de las materias clasificadas.

27. d) Ajustar su actuación a los principios de lealtad y buena fe con la Administración en la que presten sus servicios, y con sus superiores, compañeros, subordinados y con los ciudadanos.

28. c) Ejemplaridad.

29. c) Realizar el desempeño de las tareas correspondientes a su puesto de trabajo de forma diligente y cumpliendo la jornada y el horario establecidos.

30. a) Dos años.

31. d) Carrera profesional.

32. a) 2 años continuados o 3 con interrupción.

33. c) Podrán llevarse a cabo en convocatorias independientes de las de ingreso cuando, por conveniencia de la planificación de los recursos humanos, así lo autorice el Gobierno de Aragón.

34. b) Excedencia voluntaria por incompatibilidad.

35. c) Participación institucional.

36. d) La determinación de condiciones de trabajo del personal directivo.

37. d) 50 funcionarios.

38. d) Al 40 % del colectivo convocado.

39. c) Las materias referidas a calendario laboral.

40. a) Ley 53/1984, de 26 de diciembre.

41. a) El incumplimiento del deber de respeto a la Constitución a los respectivos Estatutos de Autonomía de las Comunidades Autónomas en el ejercicio de la función pública.

42. b) A los 3 años.

43. b) Al año.

44. d) Economía procesal.

45. b) A los 2 años.

TEST MATERIAS ESPECÍFICAS

TEST N.º 1

**El modelo de atención centrado en la persona como garantía
de calidad de vida. Principios y criterios de actuación.
El Plan de Atención y Vida. El papel del TCAE en los nuevos modelos
de atención. El cuidador de referencia**

1. En el modelo de Atención Centrada en la Persona implantado en Aragón, el cambio fundamental respecto a modelos tradicionales consiste en:

a) Incrementar los recursos materiales disponibles en los centros.
b) Situar a la persona como eje de la atención, por encima de la organización institucional.
c) Priorizar la eficiencia organizativa frente a la individualización.
d) Sustituir la intervención social por atención exclusivamente sanitaria.

2. Según el modelo de calidad de vida de Schalock y Verdugo, la calidad de vida se define como:

a) La ausencia de enfermedad y dependencia funcional.
b) Un conjunto de prestaciones asistenciales garantizadas por ley.
c) Un estado exclusivamente subjetivo de satisfacción personal.
d) Un estado deseado de bienestar personal multidimensional con componentes objetivos y subjetivos.

3. La dimensión de autodeterminación dentro del modelo de calidad de vida implica:

a) Que solo las personas con plena capacidad cognitiva pueden decidir.
b) Que la persona elige únicamente aspectos sanitarios.
c) El derecho a decidir sobre la propia vida y proyecto vital, incluso con apoyos.
d) La delegación total en la familia.

4. El principio de integralidad en la AICP implica:

a) Atender únicamente la dimensión física.
b) Aplicar protocolos estandarizados sin adaptación.

c) Coordinar exclusivamente servicios sanitarios.
d) Considerar a la persona como un ser multidimensional bio-psico-social.

5. El Plan de Atención y Vida (PAV) se caracteriza por ser:

a) Un documento estático que no se modifica.
b) Un instrumento dinámico que organiza apoyos según la historia y proyecto vital.
c) Un protocolo médico centrado en tratamientos.
d) Un registro administrativo obligatorio sin contenido personalizado.

6. La promoción de la autonomía en el modelo ACP implica:

a) Evitar que la persona realice actividades para prevenir riesgos.
b) Sustituir sistemáticamente a la persona en las tareas.
c) Apoyar para que realice por sí misma aquello que sea capaz de hacer.
d) Delegar toda responsabilidad en el profesional.

7. El papel del TCAE en los nuevos modelos de atención se define principalmente como:

a) Ejecutor de tareas bajo supervisión médica.
b) Responsable exclusivo de la organización interna.
c) Profesional centrado en tareas hoteleras.
d) Agente activo de apoyo, observación y acompañamiento.

8. La figura del cuidador de referencia en Aragón tiene como finalidad principal:

a) Supervisar exclusivamente aspectos administrativos.
b) Garantizar continuidad y coherencia en la atención personalizada.
c) Sustituir al equipo interdisciplinar.
d) Coordinar únicamente actividades de ocio.

9. La calidad de vida, según el modelo descrito, incluye:

a) Solo bienestar físico.
b) Únicamente integración social.
c) Exclusivamente bienestar emocional.
d) Bienestar emocional, físico, material, inclusión, derechos y autodeterminación.

10. El enfoque interdisciplinar en la AICP supone:

a) Trabajo aislado por categorías profesionales.
b) Predominio exclusivo de enfermería.
c) Coordinación entre profesionales sociales y sanitarios.
d) Supremacía de la dirección del centro.

11. El principio de participación implica:

a) Informar a la persona sin permitir decisión.
b) Limitar la intervención a criterios técnicos.
c) Permitir solo decisiones menores.
d) Reconocer a la persona como agente activo de su proceso de atención.

12. La adaptación del entorno en ACP busca:

a) Optimizar el rendimiento económico.
b) Favorecer accesibilidad, seguridad y orientación.
c) Incrementar el control institucional.
d) Uniformar todos los espacios.

13. La Ley 39/2006 supone:

a) Regulación exclusiva sanitaria.
b) Eliminación del sistema asistencial.
c) Reconocimiento del derecho subjetivo a la autonomía y atención a la dependencia.
d) Sustitución del IMSERSO.

14. La planificación en la AICP debe:

a) Basarse solo en protocolos clínicos.
b) Centrarse en limitaciones.
c) Priorizar rutinas organizativas.
d) Incorporar historia de vida y proyecto vital.

15. La dignidad en la atención implica:

a) Trato uniforme sin adaptación.
b) Aplicar normas sin excepción.
c) Reconocer valor intrínseco y respeto igualitario.
d) Priorizar eficiencia sobre derechos.

16. El modelo comunitario defiende:

a) Institucionalización temprana.
b) Grandes centros alejados.
c) Permanencia en el entorno habitual.
d) Exclusión del ámbito familiar.

17. El trabajo del TCAE en observación sistemática permite:

a) Sustituir diagnósticos médicos.
b) Elaborar informes jurídicos.

c) Evitar comunicación con enfermería.
d) Detectar precozmente cambios físicos o emocionales.

18. La inclusión social supone:

a) Aislar para proteger.
b) Participar activamente en la comunidad.
c) Limitar relaciones afectivas.
d) Reducir actividades externas.

19. El principio de continuidad de atención implica:

a) Cambios constantes sin seguimiento.
b) Atención fragmentada.
c) Acceso continuado a apoyos adaptados a la evolución personal.
d) Atención puntual.

20. La humanización de los cuidados en residencia pretende:

a) Aplicar normas rígidas.
b) Reducir contacto interpersonal.
c) Mitigar efectos negativos de institucionalización.
d) Aumentar control estructural.

21. El principio de independencia señala que:

a) Toda ayuda genera dependencia.
b) La persona debe actuar sin apoyos.
c) Solo profesionales deciden.
d) Deben identificarse y estimularse capacidades conservadas.

22. En la atención a familias se promueve:

a) Sustituirlas por profesionales.
b) Excluirlas del proceso.
c) Información, implicación y apoyo socio-terapéutico.
d) Delegación total en ellas.

23. La gestión por procesos en el centro permite:

a) Desorganización flexible.
b) Planificación, evaluación y mejora continua.
c) Eliminación de indicadores.
d) Supresión del trabajo en equipo.

24. La personalización implica:

a) Rutinas iguales para todos.
b) Protocolos rígidos.
c) Atención uniforme.
d) Adaptar organización e intervenciones a necesidades individuales.

25. El cuidador de referencia actúa como:

a) Sustituto del equipo interdisciplinar.
b) Supervisor administrativo.
c) Responsable exclusivo sanitario.
d) Figura estable que coordina y personaliza la atención.

Solución al test n.º 1

1. b) Situar a la persona como eje de la atención, por encima de la organización institucional.

2. d) Un estado deseado de bienestar personal multidimensional con componentes objetivos y subjetivos.

3. c) El derecho a decidir sobre la propia vida y proyecto vital, incluso con apoyos.

4. d) Considerar a la persona como un ser multidimensional bio-psico-social.

5. b) Un instrumento dinámico que organiza apoyos según la historia y proyecto vital.

6. c) Apoyar para que realice por sí misma aquello que sea capaz de hacer.

7. d) Agente activo de apoyo, observación y acompañamiento.

8. b) Garantizar continuidad y coherencia en la atención personalizada.

9. d) Bienestar emocional, físico, material, inclusión, derechos y autodeterminación.

10. c) Coordinación entre profesionales sociales y sanitarios.

11. d) Reconocer a la persona como agente activo de su proceso de atención.

12. b) Favorecer accesibilidad, seguridad y orientación.

13. c) Reconocimiento del derecho subjetivo a la autonomía y atención a la dependencia.

14. d) Incorporar historia de vida y proyecto vital.

15. c) Reconocer valor intrínseco y respeto igualitario.

16. c) Permanencia en el entorno habitual.

17. d) Detectar precozmente cambios físicos o emocionales.

18. b) Participar activamente en la comunidad.

19. c) Acceso continuado a apoyos adaptados a la evolución personal.

20. c) Mitigar efectos negativos de institucionalización.

21. d) Deben identificarse y estimularse capacidades conservadas.

22. c) Información, implicación y apoyo socio-terapéutico.

23. b) Planificación, evaluación y mejora continua.

24. d) Adaptar organización e intervenciones a necesidades individuales.

25. d) Figura estable que coordina y personaliza la atención.

TEST N.º 2

Ética y buenas prácticas en los cuidados. Prevención, detección y actuación ante el maltrato. Carta de derechos y deberes de las personas usuarias de los Servicios Sociales de Aragón. Manual de Buenas Prácticas en Centros del IASS

1. ¿A qué se denomina la parte del conocimiento humano que trata y se interesa de los principios y los conceptos base que están o deberían estar en el pensamiento y actividad humanos?

a) Filosofía.
b) Humanidades.
c) Psicología.
d) Ética.

2. ¿Qué conceptos de estos configuran el paradigma enfermero?

a) Cuidado y persona.
b) Persona y salud.
c) Cuidado, persona y salud.
d) Cuidado, persona, salud y de entorno.

3. ¿Cuándo aparece el primer código deontológico de enfermería?

a) En época de Galeno.
b) En época de Hipócrates.
c) En 1893 (Hospital Harper-Detroit).
d) Cuando aparece el primer código deontológico médico.

4. El conjunto de conceptos globales que identifican los fenómenos particulares de interés para una disciplina, así como las proposiciones globales que afirman las relaciones entre ellos, se llama:

a) Paradigma.
b) Proposición principal.

c) Metaparadigma.
d) Directiva.

5. Todo lo que se expone de las características de las normas éticas es cierto, excepto:

a) Las normas han de cumplirse obligatoriamente, están positivadas y obviamente están ligadas al Estado.
b) Su cumplimiento o no, no tiene repercusión social ni jurídica.
c) Son cumplidas mediante el convencimiento interno.
d) Se pueden plasmar escritas en códigos deontológicos cuyo cumplimiento es exigido de alguna manera por organizaciones colegiales o asociaciones profesionales.

6. ¿A qué se denomina un conjunto de creencias importantes, que se han ido consensuando a lo largo del tiempo y tienen verdadera importancia a nivel universal o bien a nivel regional en una cultura o pueblo?

a) Costumbre.
b) Cultura.
c) Valores.
d) Civismo.

7. ¿Qué aspecto o cuestión posee valor extrínseco?

a) Aire.
b) Agua.
c) Salud.
d) Alimentos.

8. ¿Cómo se denominan los valores del sujeto, que se refieren primordialmente a aquellos que contribuyen al mantenimiento de la vida?

a) Valores básicos.
b) Valores extrínsecos.
c) Valores intrínsecos.
d) Valores vitales.

9. Una desacreditación de una persona por medio de manifestaciones o declaraciones públicas para hacerle perder su reputación es:

a) Difamación.
b) Calumnia.
c) Negligencia.
d) Agresión.

10. ¿A qué se refiere cualquier circunstancia, dicho o hecho que perjudica a una persona en sus intereses, derechos o reputación respecto a terceros?

a) Difamación.
b) Calumnia.
c) Asalto.
d) Agravio.

11. ¿Cuál sería, entre los pasos a seguir para la toma de decisiones éticas, el último a efectuar en la práctica clínica?

a) Principios.
b) Resolución del problema.
c) Descripción de problemas.
d) Decisiones a tomar.

12. ¿Qué afirmación es correcta?

a) La ética no es una materia subjetiva.
b) Para la solución de los problemas éticos se necesita la aplicación de un proceso ilógico pero moral.
c) La solución de los problemas éticos o morales que se plantean en la práctica clínica no requiere una intervención por parte del personal sanitario con el fin de solucionarlos.
d) No es necesaria la aplicación de un método científico en la práctica de enfermería, ya que con la ética se solucionan los problemas que surjan.

13. ¿A que nos referimos con un conjunto sistemático de principios que motivan y guían las acciones éticas?

a) A un modelo para la toma ética de decisiones.
b) Al propio juicio de cada sujeto, sea este profesional o no.
c) A un paradigma moral.
d) A un axioma ético.

14. ¿Qué modalidad de ética es aquella que supone la comprensión de lo que define a una profesión y sus funciones, establece si esta profesión constituye o no nuestro absoluto profesional y adecua nuestro comportamiento según ese absoluto profesional elegido?

a) Ética laboral.
b) Ética profesional.
c) Ética personal.
d) Ética global.

15. ¿Qué ética supone la comprensión de lo que define a una profesión y sus funciones, establecer si esta profesión constituye o no nuestro absoluto profesional?

a) Ética personal.
b) Ética social.
c) Ética profesional.
d) Del profesional de enfermería.

16. Con los requisitos necesarios para que las personas vivan en sociedad nos referimos a:

a) La autonomía.
b) La confidencialidad.
c) El consentimiento.
d) La moralidad.

17. ¿Sobre qué principios se apoya toda la asistencia sanitaria?

a) Principios de beneficencia y autonomía.
b) Principios de beneficencia y justicia.
c) Principios de autonomía, beneficencia y justicia.
d) Principios de autonomía, beneficencia, no maleficencia y justicia.

18. ¿Qué principio ético incumple el encarnizamiento u obstinación terapéutica?

a) Principio de autonomía.
b) Principio de no maleficencia.
c) Principio de beneficencia.
d) Principio de justicia.

19. El Plan de Atención y Vida (PAV) en Aragón se define principalmente como:

a) Un documento administrativo obligatorio para inspección.
b) Un protocolo sanitario centrado en tratamientos médicos.
c) Una herramienta personalizada que organiza apoyos según la historia y proyecto vital de la persona.
d) Un programa estándar aplicado de forma homogénea a todos los residentes.

20. El PAV parte necesariamente de:

a) La decisión exclusiva del equipo profesional.
b) Un diagnóstico médico inicial.
c) Una planificación económica del centro.
d) Una valoración integral que incluye dimensiones físicas, emocionales, sociales y cognitivas.

21. Una característica esencial del PAV es su:

a) Rigidez normativa.
b) Inmutabilidad en el tiempo.
c) Carácter dinámico y revisable.
d) Aplicación anual obligatoria sin modificaciones intermedias.

22. La participación activa en el PAV implica que:

a) Solo la familia decide en caso de dependencia.
b) La persona es escuchada y tenida en cuenta en todas las fases del proceso.
c) El equipo decide y posteriormente informa.
d) Se limita a firmar el documento final.

23. Los objetivos del PAV se orientan prioritariamente a:

a) Reducir costes del centro.
b) Mejorar indicadores administrativos.
c) Mantener o mejorar la calidad de vida, autonomía e inclusión social.
d) Uniformar la intervención del equipo.

24. En el PAV, los apoyos definidos deben especificar:

a) Solo el tipo de intervención sanitaria.
b) Únicamente la frecuencia de actividades.
c) El presupuesto asignado.
d) Qué intervención se realizará, quién es responsable y cómo se llevará a cabo.

25. Cuando la persona no puede expresar directamente sus preferencias:

a) Se aplican protocolos estándar.
b) Decide exclusivamente la dirección.
c) Se recurre a historia de vida, familia y observación continuada.
d) Se suspende la planificación personalizada.

26. El enfoque interdisciplinar en el PAV significa que:

a) Solo intervienen profesionales sanitarios.
b) Se evita la participación social.
c) Cada profesional actúa sin coordinación.
d) Participan profesionales sociales y sanitarios coordinadamente.

27. El PAV contribuye a reducir:

a) La carga administrativa.
b) Los efectos negativos de la institucionalización.

c) La supervisión profesional.
d) La relación con la comunidad.

28. El PAV en Aragón se enmarca dentro de:

a) Un modelo exclusivamente residencial.
b) Un sistema hospitalario.
c) El modelo de Atención Centrada en la Persona.
d) Un programa experimental aislado.

29. En los nuevos modelos de atención, el TCAE deja de ser:

a) Profesional sanitario.
b) Parte del equipo.
c) Simple ejecutor de tareas estandarizadas.
d) Responsable de cuidados básicos.

30. La promoción de la autonomía por parte del TCAE implica:

a) Sustituir siempre a la persona.
b) Evitar riesgos suprimiendo actividades.
c) Facilitar que la persona realice actividades con apoyo parcial si es necesario.
d) Limitar la participación.

31. La observación sistemática del TCAE permite:

a) Diagnosticar enfermedades.
b) Sustituir a enfermería.
c) Elaborar informes legales.
d) Detectar precozmente cambios físicos o emocionales.

32. En el acompañamiento emocional, el TCAE:

a) Se limita a cuidados técnicos.
b) Ofrece escucha activa y presencia cercana.
c) Solo informa a la familia.
d) Deriva toda intervención al psicólogo.

33. En relación con la imagen personal, el TCAE debe:

a) Aplicar criterios uniformes.
b) Priorizar rapidez sobre preferencias.
c) Respetar gustos, identidad e historia de vida.
d) Imponer normas del centro.

34. La evolución histórica de la atención a la dependencia en España pasó de:

a) Modelo comunitario a modelo asilar.
b) Modelo asilar y asistencial a modelo social e inclusivo.
c) Modelo sanitario a modelo económico.
d) Modelo familiar a modelo exclusivamente privado.

35. La Ley 39/2006 supuso:

a) Supresión del sistema residencial.
b) Creación exclusiva de centros privados.
c) Reconocimiento del derecho subjetivo a la autonomía y atención a la dependencia.
d) Eliminación de competencias autonómicas.

36. El lema "envejecer en casa" refleja:

a) Política hospitalaria.
b) Internamiento prolongado.
c) Preferencia por atención en el entorno habitual.
d) Reducción de apoyos sociales.

37. En el modelo Housing europeo se apuesta por:
a) Macro-residencias centralizadas.
b) Pequeñas unidades residenciales similares al hogar.
c) Hospitalización permanente.
d) Centros aislados de la comunidad.

38. El TCAE contribuye a la seguridad mediante:

a) Restricción constante de movilidad.
b) Aplicación de sujeciones sistemáticas.
c) Prevención de caídas y uso adecuado de ayudas técnicas.
d) Delegación de responsabilidades.

39. En el trabajo interdisciplinar, el TCAE:

a) Actúa aisladamente.
b) Solo recibe órdenes.
c) Aporta información valiosa basada en contacto diario.
d) Limita su intervención a higiene.

40. La humanización de los cuidados implica:

a) Rigidizar normas.
b) Uniformar rutinas.

79

c) Favorecer entornos hogareños y personalizados.
d) Reducir interacción social.

41. El respeto a los derechos humanos en el rol del TCAE implica:

a) Aplicar protocolos sin adaptación.
b) Priorizar eficiencia.
c) Actuar con confidencialidad, empatía y ética profesional.
d) Evitar participación familiar.

42. El modelo actual exige al TCAE:

a) Formación estática.
b) Aprendizaje puntual.
c) Formación continua y adaptación a nuevos modelos.
d) Exclusiva experiencia práctica.

43. La finalidad última del nuevo rol del TCAE es:

a) Optimizar recursos económicos.
b) Cumplir rutinas organizativas.
c) Reducir tiempos de atención.
d) Garantizar dignidad, autonomía y mejora de la calidad de vida.

Solución al test n.º 2

1. d) Ética.

2. d) Cuidado, persona, salud y de entorno.

3. c) En 1893 (Hospital Harper-Detroit).

4. c) Metaparadigma.

5. a) Las normas han de cumplirse obligatoriamente, están positivadas y obviamente están ligadas al Estado.

6. c) Valores.

7. c) Salud.

8. c) Valores intrínsecos.

9. a) Difamación.

10. d) Agravio.

11. b) Resolución del problema.

12. a) La ética no es una materia subjetiva.

13. a) A un modelo para la toma ética de decisiones.

14. b) Ética profesional.

15. c) Ética profesional.

16. d) La moralidad.

17. d) Principios de autonomía, beneficencia, no maleficencia y justicia.

18. b) Principio de no maleficencia.

19. c) Una herramienta personalizada que organiza apoyos según la historia y proyecto vital de la persona.

20. d) Una valoración integral que incluye dimensiones físicas, emocionales, sociales y cognitivas.

21. c) Carácter dinámico y revisable.

22. b) La persona es escuchada y tenida en cuenta en todas las fases del proceso.

23. c) Mantener o mejorar la calidad de vida, autonomía e inclusión social.

24. d) Qué intervención se realizará, quién es responsable y cómo se llevará a cabo.

25. c) Se recurre a historia de vida, familia y observación continuada.

26. d) Participan profesionales sociales y sanitarios coordinadamente.

27. b) Los efectos negativos de la institucionalización.

28. c) El modelo de Atención Centrada en la Persona.

29. c) Simple ejecutor de tareas estandarizadas.

30. c) Facilitar que la persona realice actividades con apoyo parcial si es necesario.

31. d) Detectar precozmente cambios físicos o emocionales.

32. b) Ofrece escucha activa y presencia cercana.

33. c) Respetar gustos, identidad e historia de vida.

34. b) Modelo asilar y asistencial a modelo social e inclusivo.

35. c) Reconocimiento del derecho subjetivo a la autonomía y atención a la dependencia.

36. c) Preferencia por atención en el entorno habitual.

37. b) Pequeñas unidades residenciales similares al hogar.

38. c) Prevención de caídas y uso adecuado de ayudas técnicas.

39. c) Aporta información valiosa basada en contacto diario.

40. c) Favorecer entornos hogareños y personalizados.

41. c) Actuar con confidencialidad, empatía y ética profesional.

42. c) Formación continua y adaptación a nuevos modelos.

43. d) Garantizar dignidad, autonomía y mejora de la calidad de vida.

TEST N.º 3

La atención a personas con discapacidad o en situación de dependencia. Tipos, causas, prevención y necesidades de apoyo

1. ¿Qué título de la Ley de Dependencia regula las medidas para asegurar la calidad y la eficacia del Sistema?

a) El Título Preliminar.
b) El Título I.
c) El Título II.
d) El Título III.

2. La Ley 39/2006 tiene por objeto regular las condiciones básicas que garanticen la ………….. en el ejercicio del derecho subjetivo de ciudadanía a la promoción de la autonomía personal y atención a las personas en situación de dependencia. Qué opción completa correctamente la frase anterior:

a) La asistencia.
b) La eficacia.
c) La protección.
d) La igualdad.

3. Las organizaciones de carácter privado surgidas de la iniciativa ciudadana o social, bajo diferentes modalidades que responden a criterios de solidaridad, con fines de interés general y ausencia de ánimo de lucro, que impulsan el reconocimiento y el ejercicio de los derechos sociales, constituyen lo que la Ley de Dependencia denomina:

a) Sector primario.
b) Tercer sector.
c) Servicios privados.
d) Sector complementario.

4. La Ley 39/2006 la define como la capacidad de controlar, afrontar y tomar, por propia iniciativa, decisiones personales acerca de cómo vivir de acuerdo con las normas y preferencias propias, así como de desarrollar las actividades básicas de la vida diaria:

a) Independencia.
b) Autonomía.
c) Libertad.
d) Realización.

5. Uno de los principios inspiradores de la Ley 39/2006 es la valoración de las necesidades de las personas, para garantizar la igualdad real, atendiendo a criterios de:

a) Edad.
b) Gravedad.
c) Equidad.
d) Economía.

6. Uno de los principios inspiradores de la Ley 39/2006 es la permanencia de las personas en situación de dependencia, siempre que sea posible:

a) En un entorno familiar.
b) En un centro residencial de carácter público.
c) En el entorno en que desarrollan su vida.
d) En un centro residencial de su población de residencia.

7. Las personas en situación de dependencia disfrutarán con carácter especial del derecho a disfrutar de los derechos humanos y libertades fundamentales, con pleno respeto de su dignidad e/y:

a) Integridad.
b) Autonomía.
c) Capacidad.
d) Intimidad.

8. Para que cualquier español pueda ser titular de los derechos propios de las personas en situación de dependencia, es necesario residir en territorio español y haberlo hecho durante:

a) Cinco años, de los cuales dos deberán ser inmediatamente anteriores a la fecha de presentación de la solicitud.
b) Diez años, de los cuales cinco deberán ser inmediatamente anteriores a la fecha de presentación de la solicitud.
c) Cinco años inmediatamente anteriores a la fecha de presentación de la solicitud.
d) Los tres años inmediatamente anteriores a la fecha de presentación de la solicitud.

9. Según el artículo 6 de la Ley 39/2006, una de las finalidades del Sistema para la Autonomía y Atención a la Dependencia es:

a) Autorizar la creación de recursos públicos y privados para la atención a la dependencia.
b) Optimizar los recursos públicos y privados disponibles.
c) Normalizar los recursos públicos y privados para la atención a la dependencia.
d) Financiar los recursos públicos disponibles.

10. Como instrumento de cooperación para la articulación de los servicios sociales la promoción de la autonomía y atención a las personas en situación de dependencia, la Ley de Dependencia crea:

a) El Consejo Territorial de Servicios Sociales y del Sistema para la Autonomía y Atención a la Dependencia.
b) La Comisión Interterritorial de Defensa de los Derechos de las Personas Discapacitadas.
c) El Instituto de Servicios Sociales y Atención a la Dependencia.
d) La Comisión Interministerial de Cooperación y Atención a las Personas con Discapacidad.

11. ¿Quién acuerda la cuantía de las prestaciones económicas de atención a la dependencia?

a) El Gobierno.
b) El Consejo Territorial de Servicios Sociales y del Sistema para la Autonomía y Atención a la Dependencia.
c) El Ministerio competente en materia de asuntos sociales.
d) El Consejo de Gobierno de la Comunidad Autónoma.

12. ¿Cuál de las siguientes prestaciones económicas no está reconocida por la Ley de Dependencia?

a) Prestación económica para cuidados en el entorno familiar y apoyo a cuidadores no profesionales.
b) Prestación económica de asistencia personal.
c) Prestación económica de servicios de teleasistencia.
d) Prestación económica vinculada al servicio.

13. ¿Cuál de los siguientes servicios facilita asistencia a los beneficiarios mediante el uso de tecnologías de la comunicación y de la información, con apoyo de los medios personales necesarios, en respuesta inmediata ante situaciones de emergencia, o de inseguridad, soledad y aislamiento?

a) Servicio de ayuda a domicilio.
b) Servicio de centro de día y de noche.

c) Servicio de atención residencial.
d) Servicio de teleasistencia.

14. Según la Ley de Dependencia, ¿cuántos grados de dependencia hay?

a) Dos.
b) Tres.
c) Cuatro.
d) Cinco.

15. La situación de dependencia moderada se considera de:

a) Grado I.
b) Grado II.
c) Grado III.
d) Grado IV.

16. El grado II de dependencia corresponde a:

a) Dependencia leve.
b) Dependencia moderada.
c) Gran dependencia.
d) Dependencia severa.

17. En relación con la valoración de la situación de dependencia, no es cierto que:

a) Los grados de dependencia se determinarán mediante la aplicación del baremo acordado en el Consejo Territorial de Servicios Sociales y del Sistema para la Autonomía y Atención a la Dependencia.
b) El baremo establecerá los criterios objetivos de valoración del grado de autonomía de la persona, de su capacidad para realizar las distintas actividades de la vida diaria, los intervalos de puntuación para cada uno de los grados de dependencia y el protocolo con los procedimientos y técnicas a seguir para la valoración de las aptitudes observadas.
c) El baremo valorará la capacidad de la persona para llevar a cabo por sí misma las actividades básicas de la vida diaria, así como la necesidad de apoyo y supervisión para su realización por personas con discapacidad intelectual o con enfermedad mental.
d) Previo acuerdo del Consejo de Gobierno de la Comunidad Autónoma correspondiente, se podrá determinar el grado de dependencia mediante otros procedimientos distintos a los establecidos por el baremo.

18. El baremo para determinar el grado de dependencia se ha de aprobar por:

a) Ley estatal.
b) Decreto de cada Comunidad Autónoma.
c) Real Decreto.
d) Orden Ministerial.

19. De las siguientes prestaciones del Sistema para la Autonomía y Atención a la Dependencia (SAAD), tiene la consideración de prestación económica:

a) La prestación para cuidados en el entorno familiar.
b) El servicio de promoción de la autonomía personal.
c) El servicio de ayuda a domicilio.
d) El servicio de teleasistencia.

20. La Ley 39/2006, de 14 de diciembre, de Promoción de la Autonomía Personal y Atención a las personas en situación de dependencia establece que la situación de dependencia se clasifica en el Grado II. Dependencia severa:

a) Cuando la persona tiene necesidades de apoyo extenso para su autonomía personal.
b) Cuando la persona tiene necesidades de apoyo intermitente o limitado para su autonomía personal.
c) Cuando la persona tiene necesidades de apoyo generalizado para su autonomía personal.
d) Cuando la persona tiene necesidades de apoyo indispensable y continuado para su autonomía personal.

Solución al test n.º 3

1. c) El Título II.

2. d) La igualdad.

3. b) Tercer sector.

4. b) Autonomía.

5. c) Equidad.

6. c) En el entorno en que desarrollan su vida.

7. d) Intimidad.

8. a) Cinco años, de los cuales dos deberán ser inmediatamente anteriores a la fecha de presentación de la solicitud.

9. b) Optimizar los recursos públicos y privados disponibles.

10. a) El Consejo Territorial de Servicios Sociales y del Sistema para la Autonomía y Atención a la Dependencia.

11. b) El Consejo Territorial de Servicios Sociales y del Sistema para la Autonomía y Atención a la Dependencia.

12. c) Prestación económica de servicios de teleasistencia.

13. d) Servicio de teleasistencia.

14. b) Tres.

15. a) Grado I.

16. d) Dependencia severa.

17. d) Previo acuerdo del Consejo de Gobierno de la Comunidad Autónoma correspondiente, se podrá determinar el grado de dependencia mediante otros procedimientos distintos a los establecidos por el baremo.

18. c) Real Decreto.

19. a) La prestación para cuidados en el entorno familiar.

20. a) Cuando la persona tiene necesidades de apoyo extenso para su autonomía personal.

TEST N.º 4

Alimentación y nutrición. Necesidades nutricionales en las diferentes etapas de la vida. Dietas, concepto y tipos. Disfagia. Productos de apoyo. Técnicas y cuidados en la nutrición parenteral y enteral

1. ¿A qué se denomina la forma y manera de proporcionar al organismo los alimentos que le son indispensables?

a) Nutrición.
b) Alimentación.
c) Metabolismo.
d) Asimilación.

2. ¿Cómo se denominan los alimentos que están destinados fundamentalmente a la formación y renovación de los tejidos humanos, tanto en la fase de construcción o crecimiento como en la renovación de tejidos en los adultos?

a) Energéticos.
b) Vitamínicos.
c) Plásticos.
d) Reguladores.

3. ¿Qué alimentos son aquellos cuya composición principal son las proteínas y el calcio?

a) Alimentos reguladores.
b) Alimentos biocatalizadores.
c) Alimentos energéticos.
d) Alimentos plásticos.

4. Las frutas pertenecen en la nueva rueda de alimentos al grupo:

a) VI.
b) V.
c) IV.
d) III.

5. La base de la pirámide de alimentación saludable está compuesta de:

a) Recomendaciones de estilos de vida saludable (equilibrio emocional, actividad física diaria, ingesta adecuada de agua…).
b) Tomar alimentos de la dieta mediterránea.
c) Alimentos de consumo opcional y moderado.
d) Alimentos de consumo variado y diario.

6. La ingesta adecuada de agua diaria está en torno a los:

a) 1,5 litros.
b) 2 litros.
c) 2,5 litros.
d) 3,5 litros.

7. La regla de las tres erres, también conocida como 3R se aplican a la alimentación:

a) Variable.
b) Opcional.
c) Sostenible.
d) Saludable.

8. ¿Quién pone directamente en marcha y desarrolla la estrategia NAOS?

a) La Sociedad Española de Nutrición Comunitaria (SENC).
b) La Agencia Española de Seguridad Alimentaria y Nutrición (AESAN).
c) La Secretaría de Estado de Consejos dietéticos, mediante el programa EDALNU del Ministerio de Sanidad.
d) El Ministerio de Innovación, Desarrollo e Industria.

9. ¿Qué carne de estas consideras con más grasa?

a) La carne de cordero.
b) La carne de ternera.
c) La carne de conejo.
d) La carne de caballo.

10. ¿Cuál es la unidad de energía tradicionalmente empleada en nutrición y que sigue usándose con carácter generalizado?

a) El julio (J).
b) La Caloría grande (Cal).
c) El grado centígrado (ºC).
d) El ergio (erg).

11. Empleando la fórmula de Harris y Benedict del metabolismo basal diremos que un varón de 35 kg de peso, 1,40 m de talla y 11 años de edad, será aproximadamente de:

a) 700.
b) 850.
c) 1100.
d) 2100.

12. ¿Qué factor se estos es el que más influye en la multiplicación de microorganismos?

a) Las calorías de los alimentos.
b) La temperatura del medio.
c) La presión atmosférica.
d) La presencia o no de otros gérmenes.

13. ¿Qué agentes bióticos de los siguientes son mas productores de toxiinfecciones alimentarias?

a) Hongos.
b) Bacterias.
c) Protozoos.
d) Parásitos.

14. ¿Cuál es la fuente más importante de contaminación de intoxicaciones químicas de origen alimentario de forma directa sobre frutas y verduras que ingerimos, o indirecta tras la ingesta de lo anterior de animales?

a) El estiércol de origen animal.
b) Los mercuriales.
c) Los insecticidas.
d) El riego con agua contaminada.

15. ¿Qué aminoácido es esencial?

a) Prolina.
b) Cisteína.
c) Triptófano.
d) Alanina.

16. ¿Qué principios inmediatos son sustancias energéticas?

a) Grasas.
b) Grasas y proteínas.
c) Azúcares y proteínas.
d) Grasas y azúcares.

17. ¿Cuál de estos nutrientes se considera micronutriente (imprescindibles en pequeñas cantidades)?

a) Vitaminas.
b) Azúcares.
c) Proteínas.
d) Grasas.

18. El retinol es un constituyente de la vitamina:

a) Vitamina A.
b) Vitamina B_2.
c) Vitamina C.
d) Vitamina D.

19. ¿Con qué término se corresponde esta definición: «la técnica y el arte de utilizar los alimentos de la forma adecuada, partiendo del conocimiento profundo del organismo humano y de los alimentos, para proponer y promover formas de alimentación, variada, suficiente y equilibrada»?

a) Dietoterapia.
b) Nutrición.
c) Bromatología.
d) Dietética.

20. Un IMC (índice de Masa Corporal) de 27, según Garrow, estaría en el grado de obesidad:

a) No obesidad.
b) Leve.
c) Moderada.
d) Grave.

21. ¿Qué alimentos incluirías en el grupo de reguladores?

a) Aceite y tocino.
b) Pan.
c) Frutas y verduras.
d) Leche.

22. ¿Qué alimento consideras que es de consumo ocasional, según la pirámide de alimentación saludable?

a) Carnes rojas.
b) Leche.

c) Pescado y mariscos.
d) Aceite de oliva.

23. En el Sistema Internacional la unidad de energía es:

a) El julio (J).
b) La Caloría (Cal).
c) El grado centígrado (ºC).
d) El ergio (erg).

24. ¿Qué aminoácido no es esencial?

a) Triptófano.
b) Valina.
c) Fenilalanina.
d) Alanina.

25. La piridoxina es la vitamina:

a) A.
b) B_1.
c) C.
d) B_6.

Solución al test n.º 4

1. b) Alimentación.

2. c) Plásticos.

3. d) Alimentos plásticos.

4. a) VI.

5. a) Recomendaciones de estilos de vida saludable (equilibrio emocional, actividad física diaria, ingesta adecuada de agua…).

6. c) 2,5 litros.

7. c) Sostenible.

8. b) La Agencia Española de Seguridad Alimentaria y Nutrición (AESAN).

9. a) La carne de cordero.

10. b) La Caloría grande (Cal).

11. c) 1100.

12. b) La temperatura del medio.

13. b) Bacterias.

14. c) Los insecticidas.

15. c) Triptófano.

16. d) Grasas y azúcares.

17. a) Vitaminas.

98

18. a) Vitamina A.

19. d) Dietética.

20. b) Leve.

21. c) Frutas y verduras.

22. a) Carnes rojas.

23. a) El julio (J).

24. d) Alanina.

25. d) B_6.

TEST N.º 5

Higiene e imagen corporal. Cuidados de la piel, mucosas, cabello y uñas. Apoyos en el cuidado de la piel y la imagen personal de la persona con dependencia y/o discapacidad

1. ¿Qué elemento o elementos anatómicos de estos no pertenece al sistema tegumentario?

a) Piel.
b) Pelos.
c) Uñas.
d) Cartílagos.

2. El tejido celular subcutáneo de la piel se denomina:

a) Dermis.
b) Hipodermis.
c) Epidermis.
d) Tejido de Malpighio.

3. ¿Dónde no hay glándulas sebáceas?

a) En axilas.
b) En plantas del pie y palmas de las manos.
c) En cuero cabelludo.
d) En cara.

4. ¿Cómo se denomina la parte de las uñas que se observa en sus zonas proximales en forma de zona blanquecina semicircular?

a) Cutícula.
b) Lúnula.
c) Bulbo.
d) Médula.

5. ¿Cómo se denomina la lesión primaria de la piel, elevada, circunscrita, infiltrada, producida por inflamación crónica y que deja cicatriz cuando resuelve?

a) Tubérculo.
b) Roncha.
c) Habón.
d) Vesícula.

6. ¿Qué lesión elemental primaria de la piel es aquella que se manifiesta sobreelevada y de contenido sólido, inferior a 1 cm de diámetro?

a) Pápula.
b) Mácula.
c) Púrpura.
d) Ampolla.

7. ¿Qué lesión secundaria y elemental de la piel es producida por desecación de exudados o sangre?

a) Pústula.
b) Escama.
c) Costra.
d) Liquenificación.

8. Una erosión en la piel se define como aquella lesión elemental que se manifiesta como:

a) Una pérdida superficial de la epidermis que cura sin cicatriz.
b) Una solución de continuidad que afecta a epidermis y dermis papilar.
c) Una pérdida de sustancia que afecta a epidermis, dermis y tejido subcutáneo.
d) Una pequeña elevación cutánea parecida a la ampolla pero contiene en su interior pus.

9. ¿Qué dermatosis es muy frecuente en adolescencia (hasta en el 80 %)?

a) Acné.
b) Psoriasis.
c) Vitíligo.
d) Forúnculos.

10. ¿Qué infección de la piel es vírica?

a) Psoriasis.
b) Herpes simple.
c) Forúnculo.
d) Escabiosis.

11. La denominada vulgarmente como "ladilla" la ocasiona:

a) *Pediculis humanus capitis*.
b) *Pediculis humanus corporis*.
c) *Phthirus pubis*.
d) *Pediculis scrotae*.

12. La escabiosis es otra denominación de:

a) La sarna.
b) La pediculosis.
c) La psoriasis.
d) El nevus cutáneo.

13. La afección de la piel conocida como "manchas vino de Oporto" se corresponde a:

a) Nevus azul.
b) Angiomas planos.
c) Angiomas cavernosos.
d) Nevus melanocítico congénito o adquirido.

14. ¿Qué es falso del melanoma?

a) Es un tumor maligno de la piel.
b) Se da más frecuentemente en sujetos de piel oscura o morena intensa, sin necesidad de exponerse al sol.
c) Es un melanoma con poca o nada de pigmentación es un factor de mal pronóstico.
d) Es más frecuentes en mujeres.

15. ¿Qué baño es aquel que, aun conservando la movilidad, el paciente no puede levantarse, por lo que él asume su higiene siendo auxiliado en caso necesario por la enfermera?

a) Baño completo en la cama.
b) Baño en la cama.
c) Baño parcial.
d) Baño kinestésico.

16. ¿Qué elementos o materiales necesarios para el aseo del paciente son de lavado?

a) Hule.
b) Manta de baño.
c) Esponjas y guantes.
d) Cuña.

17. El lavado de cabellos del paciente debe realizarse aproximadamente:

a) Todos los días.
b) Cada tres días.
c) Una vez a la semana.
d) Depende de la suciedad que este tenga.

18. ¿Cuál debe ser la temperatura del agua para el baño, si se realiza la técnica del baño completo en la cama?

a) 180 ºC.
b) 22-24 ºC.
c) 30-32 ºC.
d) 37-40 ºC.

19. ¿En qué posición debe colocarse al paciente para llevar a cabo la higiene del cabello?

a) En posición de Trendelenburg.
b) En posición de Roser o Proetz.
c) En posición de Morestín.
d) En posición de Sims.

20. ¿Qué zona de la uña indica la incógnita de la imagen?

a) Placa ungueal.
b) Lúnula.
c) Eponiquio.
d) Cutícula.

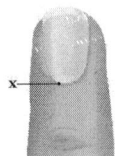

21. ¿Qué calibre posee la piel en las zonas donde esta cubierta es más gruesa?

a) ≥ 15 mm.
b) ≥ 10 mm.
c) ≥ 4 mm.
d) ≥ 0,5 mm.

22. ¿Qué lesión es aquella que se manifiesta como una induración de la piel con pérdida de su elasticidad, provocada fundamentalmente por fibrosis de la dermis?

a) Liquenificación.
b) Esclerosis.
c) Excoriación.
d) Quiste.

23. ¿Qué enfermedad de la piel posee un componente etiológico familiar?

a) Psoriasis.
b) Herpes simple.
c) Herpes zóster.
d) Pediculosis.

24. La queratosis actínica degenera malignizándose en un 20 % de casos a cánceres:

a) Espinocelulares o escamosos.
b) Sarcomas.
c) Melanomas.
d) Cánceres basocelulares.

25. El orinal plano es un material o elemento de:

a) Evacuación.
b) Protección.
c) Lavado.
d) Recambio.

Solución al test n.º 5

1. d) Cartílagos.

2. b) Hipodermis.

3. b) En plantas del pie y palmas de las manos.

4. b) Lúnula.

5. a) Tubérculo.

6. a) Pápula.

7. c) Costra.

8. a) Una pérdida superficial de la epidermis que cura sin cicatriz.

9. a) Acné.

10. b) Herpes simple.

11. c) *Phthirus pubis.*

12. a) La sarna.

13. b) Angiomas planos.

14. b) Se da más frecuentemente en sujetos de piel oscura o morena intensa, sin necesidad de exponerse al sol.

15. b) Baño en la cama.

16. c) Esponjas y guantes.

17. c) Una vez a la semana.

18. d) 37-40 ºC.

19. b) En posición de Roser o Proetz.

20. c) Eponiquio.

21. c) $\geq$ 4 mm.

22. b) Esclerosis.

23. a) Psoriasis.

24. a) Espinocelulares o escamosos.

25. a) Evacuación.

TEST N.º 6

Apoyos y cuidados en las necesidades de eliminación y control de esfínteres. Prevención del estreñimiento y la incontinencia. Productos de apoyo para la eliminación. Absorbentes. Enemas, sondajes y ostomías. Recogida, transporte y conservación de muestras

1. ¿Cuál de los siguientes problemas es más frecuente en la población geriátrica según el texto?

a) Hipoglucemia.
b) Incontinencia urinaria y fecal.
c) Hipotermia.
d) Hipertensión arterial.

2. ¿Qué afirmación es correcta sobre la incontinencia según el texto?

a) Es una consecuencia inevitable del envejecimiento.
b) Solo afecta a personas con enfermedades neurológicas.
c) Puede aumentar el riesgo de caídas.
d) No tiene impacto emocional en el paciente.

3. ¿Cuál de estas NO se menciona como causa del estreñimiento en el anciano?

a) Dieta pobre en fibra.
b) Alta actividad física.
c) Consumo de fármacos.
d) Enfermedades neurológicas.

4. ¿Cuál es una de las funciones del TCAE según el texto?

a) Diagnosticar enfermedades del aparato urinario.
b) Prescribir tratamiento farmacológico.
c) Recoger muestras de orina y heces.
d) Realizar cirugías menores.

5. ¿Qué principios deben guiar la atención a personas mayores con problemas de eliminación?

a) Velocidad y eficiencia.
b) Prevención, respeto y dignidad.
c) Ahorro y pragmatismo.
d) Rutina y obediencia.

6. Las causas de la incontinencia urinaria no incluyen:

a) Pérdida de la capacidad de cierre de la uretra mientras se llena la vejiga.
b) Pérdida del control voluntario sobre la vejiga.
c) Dificultades que afectan al mantenimiento del equilibrio electrolítico.
d) Mal funcionamiento combinado de uretra y vejiga.

7. Los anticolinérgicos se asocian a:

a) Incontinencia funcional.
b) Incontinencia por rebosamiento.
c) Incontinencia de estrés.
d) Ninguna de las opciones anteriores es correcta.

8. Se habla de incontinencia urinaria crónica, cuando su evolución supera:

a) 15 días.
b) 60 días.
c) 30 días.
d) 90 días.

9. Indique cuál de las siguientes patologías va ligada a la incontinencia transitoria:

a) Lesión del esfínter.
b) Esclerosis múltiple.
c) Lesión de la médula espinal.
d) Impactación fecal.

10. La estenosis uretral es la responsable de:

a) Incontinencia por rebosamiento.
b) Incontinencia funcional.
c) Incontinencia total.
d) Incontinencia de urgencia.

11. La enfermedad inflamatoria intestinal puede provocar:

a) Incontinencia neurógena.
b) Incontinencia por rebosamiento.

c) Incontinencia por función anorrectal alterada.
d) Ninguna de las respuestas anteriores es correcta.

12. Los divertículos se asocian a:

a) Incontinencia por sobrecarga del esfínter.
b) Incontinencia por función anorrectal alterada.
c) Incontinencia por rebosamiento.
d) Incontinencia funcional.

13. Las demencias suelen asociarse a:

a) Incontinencia neurógena.
b) Incontinencia funcional.
c) Incontinencia por sobrecarga del esfínter.
d) Incontinencia por rebosamiento.

14. Las afecciones que predisponen a determinado tipo de heces favorecen la incontinencia; indique cuáles son las características de esas heces:

a) Heces voluminosas.
b) Heces secas.
c) Heces endurecidas.
d) Todas las respuestas anteriores son correctas.

15. Indique cuál de las siguientes sustancias no forma parte de la composición habitual de las heces:

a) Restos celulares.
b) Pigmentos biliares.
c) Proteínas.
d) Bacterias.

16. Los factores de riesgo que facilitan el desarrollo de estreñimiento no incluyen:

a) Alimentación pobre en fibra.
b) Sexo masculino.
c) Bajo nivel socioeconómico.
d) Edad avanzada.

17. Respecto a las funciones del ejercicio físico en el tratamiento del estreñimiento, señale la opción incorrecta:

a) Mejora el tono muscular del abdomen.
b) Incrementa la eficacia de la musculatura.

c) Ayuda a que las heces se eliminen con mayor rapidez.
d) Mejora el tono muscular del esfínter anal.

18. Los factores de riesgo para la impactación fecal no incluyen:

a) Pacientes debilitados.
b) Estreñimiento hipotónico.
c) Paciente inmovilizado.
d) Lesiones cardiocirculatorias.

19. Las sondas vesicales de lavado continuo son las sondas de:

a) Malecot.
b) Pezzet.
c) Foley.
d) Robinson.

20. Las sondas vesicales a nivel de calibre se numeran de dos en dos, yendo sus valores, las pequeñas desde un valor par menor y las grandes de un valor par mayor, que son de:

a) 4 a 12.
b) 6 a 16.
c) 6 a 24.
d) 12 a 28.

21. Las sondas de Foley son:

a) Blandas.
b) Duras.
c) Rígidas.
d) Semirrígidas.

22. ¿Qué cantidad de agua destilada (en cc) hay que meter en el balón del que va provisto la sonda vesical en su extremo distal, una vez se ha introducido el catéter en la vejiga del varón?

a) 1.
b) 5.
c) 10.
d) 20.

23. Las sondas de dos vías de silicona se pueden cambiar hasta:

a) Los 3 días.
b) Los 15 días.

c) Las 3 semanas.
d) Mas de un mes.

24. ¿Qué volumen poseerá la jeringa de alimentación que se emplea en sondaje nasogástrico?

a) Jeringa de alimentación de 5 a 10 ml.
b) Jeringa de alimentación de 10 a 25 ml.
c) Jeringa de alimentación de 50 a 100 ml.
d) Jeringa de alimentación de 150 a 300 ml.

25. La necesidad de eliminación urinaria y fecal se considera fundamental porque:

a) Permite evaluar exclusivamente el estado digestivo.
b) Es un indicador secundario de confort.
c) Solo tiene repercusión clínica en personas hospitalizadas.
d) Está directamente relacionada con la salud, la comodidad, la dignidad y la calidad de vida de la persona.

26. Entre las causas frecuentes de alteraciones en el control de esfínteres se encuentran:

a) Exclusivamente infecciones urinarias.
b) Únicamente trastornos psicológicos.
c) Envejecimiento, inmovilidad, enfermedades neurológicas y efectos secundarios farmacológicos.
d) Solo alteraciones congénitas.

27. La motilidad del colon aumenta fisiológicamente:

a) Durante el ayuno prolongado.
b) En la madrugada.
c) Después de las comidas.
d) Únicamente durante el ejercicio intenso.

28. En la prevención del estreñimiento NO se debe:

a) Fomentar la hidratación adecuada.
b) Establecer horarios regulares.
c) Favorecer la movilidad.
d) Utilizar laxantes como primera medida sistemática.

29. Según la Escala de Bristol, las heces tipo 1 se caracterizan por:

a) Ser acuosas sin fragmentos sólidos.
b) Presentar trozos duros y separados, difíciles de expulsar.

c) Tener forma alargada y lisa.
d) Ser masa pastosa con bordes definidos.

30. La incontinencia fecal se define como:

a) Eliminación voluntaria frecuente.
b) Retención fecal dolorosa.
c) Emisión involuntaria de heces.
d) Alteración exclusiva del esfínter externo.

31. En la valoración de la incontinencia fecal es importante explorar:

a) Solo antecedentes quirúrgicos.
b) Únicamente dieta.
c) Tono del esfínter anal y sensibilidad perineal.
d) Exclusivamente constantes vitales.

32. La incontinencia urinaria de esfuerzo se produce por:

a) Deseo súbito intenso de orinar.
b) Aumento brusco de la presión intraabdominal con escape de orina.
c) Obstrucción uretral.
d) Pérdida total continua.

33. La incontinencia de urgencia se caracteriza por:

a) Escape tras ejercicio físico.
b) Micción continua sin control.
c) Deseo intenso y súbito con incapacidad de retrasar la micción.
d) Pequeñas pérdidas por rebosamiento.

34. El entrenamiento del hábito miccional consiste en:

a) Esperar a que aparezca la urgencia.
b) Administrar diuréticos.
c) Establecer intervalos programados de micción según patrón individual.
d) Colocar absorbentes de forma permanente.

35. Los ejercicios de Kegel tienen como objetivo:

a) Aumentar la capacidad vesical.
b) Estimular la micción.
c) Fortalecer la musculatura del suelo pélvico.
d) Reducir la producción de orina.

36. Los absorbentes:

a) Tratan la causa de la incontinencia.
b) Eliminan la necesidad de cuidados cutáneos.
c) Controlan la incontinencia pero requieren cuidados de la piel.
d) Sustituyen el entrenamiento vesical.

37. En la incontinencia fecal líquida pueden utilizarse:

a) Solo pañales convencionales.
b) Bolsas específicas para incontinencia fecal.
c) Sondas vesicales.
d) Catéteres rectales permanentes sin indicación.

38. El enema:

a) Puede administrarlo el TCAE de forma autónoma sin indicación.
b) Se utiliza como primera medida en estreñimiento leve.
c) Se realiza siguiendo protocolo y prescripción correspondiente.
d) Sustituye la dieta rica en fibra.

39. Entre las complicaciones inmediatas de una colostomía se encuentra:

a) Litiasis urinaria.
b) Necrosis o infección del estoma.
c) Estreñimiento funcional.
d) Impactación fecal.

40. En las ileostomías puede aparecer en el postoperatorio inmediato:

a) Hernia tardía.
b) Estenosis crónica.
c) Irritación cutánea y obstrucción parcial por edema.
d) Prolapso permanente.

41. La urostomía puede presentar como complicación:

a) Fisura anal.
b) Hemorroides.
c) Estenosis del estoma por fibrosis.
d) Incontinencia fecal.

42. Una muestra biológica se define como:

a) Solo sangre venosa.
b) Cualquier secreción no humana.

c) Material biológico humano susceptible de análisis y conservación.
d) Exclusivamente orina.

43. La recogida incorrecta de muestras puede provocar:

a) Retraso administrativo únicamente.
b) Error leve sin repercusión.
c) Diagnóstico erróneo.
d) Solo repetición de la prueba.

44. En la prevención del estreñimiento se recomienda:

a) Inmovilidad para conservar energía.
b) Restricción hídrica.
c) Aporte adecuado de fibra y líquidos.
d) Uso diario de enemas.

45. La impactación fecal puede provocar:

a) Micción frecuente sin causa.
b) Distensión abdominal y dolor.
c) Hiperactividad vesical primaria.
d) Disminución del tono muscular.

46. El cuidado perineal en pacientes con incontinencia busca:

a) Solo limpieza superficial.
b) Aplicación de colonias.
c) Mantener integridad cutánea y prevenir infecciones.
d) Evitar la ventilación.

47. En la observación macroscópica de heces, un olor muy penetrante puede indicar:

a) Hidratación adecuada.
b) Dieta rica en fibra.
c) Posible infección o presencia de sangre.
d) Normalidad fisiológica.

48. El objetivo principal ante la incontinencia es:

a) El aislamiento del paciente.
b) El uso exclusivo de absorbentes.
c) Mantener la mayor independencia posible preservando dignidad y bienestar.
d) Limitar actividades externas.

49. En el entrenamiento intestinal es incorrecto:

a) Valorar hábitos previos.
b) Planificar horario individualizado.
c) Apremiar al paciente durante la evacuación.
d) Reevaluar progresos.

50. La actuación del TCAE en eliminación debe caracterizarse por:

a) Automatización de tareas.
b) Intervención invasiva sin valoración.
c) Atención segura, individualizada y respetuosa.
d) Uso sistemático de dispositivos.

Solución al test n.º 6

1. b) Incontinencia urinaria y fecal.

2. c) Puede aumentar el riesgo de caídas.

3. b) Alta actividad física.

4. c) Recoger muestras de orina y heces.

5. b) Prevención, respeto y dignidad.

6. c) Dificultades que afectan al mantenimiento del equilibrio electrolítico.

7. b) Incontinencia por rebosamiento.

8. c) 30 días.

9. d) Impactación fecal.

10. a) Incontinencia por rebosamiento.

11. d) Ninguna de las respuestas anteriores es correcta.

12. c) Incontinencia por rebosamiento.

13. b) Incontinencia funcional.

14. a) Heces voluminosas.

15. c) Proteínas.

16. b) Sexo masculino.

17. c) Ayuda a que las heces se eliminen con mayor rapidez.

18. d) Lesiones cardiocirculatorias.

19. c) Foley.

20. c) 6 a 24.

21. a) Blandas.

22. c) 10.

23. d) Mas de un mes.

24. c) Jeringa de alimentación de 50 a 100 ml.

25. d) Está directamente relacionada con la salud, la comodidad, la dignidad y la calidad de vida de la persona.

26. c) Envejecimiento, inmovilidad, enfermedades neurológicas y efectos secundarios farmacológicos.

27. c) Después de las comidas.

28. d) Utilizar laxantes como primera medida sistemática.

29. b) Presentar trozos duros y separados, difíciles de expulsar.

30. c) Emisión involuntaria de heces.

31. c) Tono del esfínter anal y sensibilidad perineal.

32. b) Aumento brusco de la presión intraabdominal con escape de orina.

33. c) Deseo intenso y súbito con incapacidad de retrasar la micción.

34. c) Establecer intervalos programados de micción según patrón individual.

35. c) Fortalecer la musculatura del suelo pélvico.

36. c) Controlan la incontinencia pero requieren cuidados de la piel.

37. b) Bolsas específicas para incontinencia fecal.

38. c) Se realiza siguiendo protocolo y prescripción correspondiente.

39. b) Necrosis o infección del estoma.

40. c) Irritación cutánea y obstrucción parcial por edema.

41. c) Estenosis del estoma por fibrosis.

42. c) Material biológico humano susceptible de análisis y conservación.

43. c) Diagnóstico erróneo.

44. c) Aporte adecuado de fibra y líquidos.

45. b) Distensión abdominal y dolor.

46. c) Mantener integridad cutánea y prevenir infecciones.

47. c) Posible infección o presencia de sangre.

48. c) Mantener la mayor independencia posible preservando dignidad y bienestar.

49. c) Apremiar al paciente durante la evacuación.

50. c) Atención segura, individualizada y respetuosa.

TEST N.º 7

Apoyo ante las necesidades psicosociales de las personas en situación de dependencia. Relación entre estas necesidades y las características del entorno. Técnicas de comunicación y acompañamiento. Inclusión y participación en la comunidad

1. Las necesidades psicosociales en situación de dependencia se relacionan principalmente con:

a) La evolución clínica de la patología.
b) La estabilidad económica del usuario.
c) El cumplimiento farmacológico estricto.
d) El bienestar emocional, la autoestima, las relaciones sociales y la percepción de apoyo.

2. El TCAE desempeña un papel fundamental en el apoyo psicosocial porque:

a) Es quien prescribe el tratamiento.
b) Gestiona la organización del centro.
c) Mantiene contacto directo y continuado con la persona dependiente.
d) Evalúa exclusivamente parámetros clínicos.

3. Una actitud sobreprotectora por parte del profesional puede provocar:

a) Mayor independencia funcional.
b) Incremento del sentimiento de control.
c) Sensación de inutilidad y aumento de la dependencia.
d) Mejora de la autoestima.

4. Un entorno físico mal adaptado puede generar:

a) Seguridad y orientación.
b) Autonomía reforzada.
c) Mayor participación social.
d) Ansiedad, desorientación y sensación de indefensión.

5. En modelos centrados en la persona, la organización institucional debe:

a) Imponer rutinas uniformes.
b) Priorizar la eficiencia sobre la individualización.
c) Respetar preferencias, decisiones y ritmos personales.
d) Limitar la autonomía funcional.

6. La exclusión social en personas dependientes favorece:

a) El fortalecimiento de la identidad.
b) Mayor integración comunitaria.
c) Aislamiento, apatía y deterioro emocional.
d) Incremento de la motivación.

7. El Plan de Atención Individualizada se estructura en:

a) Tres fases básicas.
b) Dos etapas evaluativas.
c) Cinco etapas: valoración, detección, planificación, ejecución y evaluación.
d) Un único procedimiento de observación.

8. En la fase de valoración, los datos subjetivos proceden principalmente de:

a) La exploración física.
b) Las pruebas diagnósticas.
c) La entrevista con el usuario y la familia.
d) Las escalas estandarizadas exclusivamente.

9. Los signos, en el proceso de valoración, son:

a) Percepciones del paciente.
b) Opiniones familiares.
c) Datos observables y medibles obtenidos mediante exploración.
d) Juicios clínicos.

10. Un objetivo correctamente formulado debe:

a) Ser ambiguo para facilitar flexibilidad.
b) No tener límite temporal.
c) Ser realista, medible, expresado en infinitivo y con plazo definido.
d) Formularse en términos generales.

11. La evaluación del Plan de Cuidados implica:

a) Finalizar automáticamente el plan.
b) Revisar únicamente aspectos físicos.

c) Comparar objetivos previstos con resultados obtenidos.
d) Repetir la valoración inicial sin análisis.

12. El ocio y el tiempo libre en personas dependientes persiguen:

a) Ocupar el tiempo sin finalidad terapéutica.
b) Reducir interacción social.
c) Favorecer autonomía, estimulación y calidad de vida.
d) Sustituir tratamientos sanitarios.

13. El ejercicio físico programado contribuye a:

a) Aumentar la frecuencia cardíaca en reposo.
b) Reducir capacidad pulmonar.
c) Mejorar funcionamiento cardiocirculatorio y capacidad vital.
d) Incrementar riesgo cardiovascular.

14. En programas de animación sociocultural en residencia, el área ocupacional busca:

a) Controlar disciplina.
b) Reducir interacción.
c) Potenciar imaginación y coordinación mente-mano.
d) Sustituir terapia médica.

15. La inclusión social implica:

a) Presencia física en actos comunitarios.
b) Asistencia obligatoria a actividades.
c) Participación real y significativa en la vida social.
d) Supervisión constante del usuario.

16. Las barreras actitudinales pueden:

a) Facilitar integración.
b) Incrementar participación.
c) Dificultar inclusión y reforzar exclusión social.
d) Mejorar autoestima.

17. La coordinación con recursos comunitarios permite:

a) Sustituir intervención familiar.
b) Reducir actividades internas.
c) Mantener vínculos sociales y sentido de pertenencia.
d) Eliminar necesidades emocionales.

18. La inclusión social favorece principalmente:

a) Aislamiento protector.
b) Dependencia institucional.
c) Refuerzo de identidad y autoestima.
d) Reducción de relaciones interpersonales.

19. El apoyo psicosocial adecuado mejora:

a) Solo la estabilidad física.
b) Exclusivamente la adherencia farmacológica.
c) La calidad de vida del usuario y su entorno familiar.
d) Únicamente la satisfacción profesional.

20. La atención integral en dependencia debe contemplar:

a) Solo necesidades fisiológicas.
b) Únicamente seguridad física.
c) Dimensiones físicas, emocionales, sociales y comunitarias.
d) Exclusivamente parámetros clínicos.

21. Al individuo que habla, gesticula, escribe, pinta, etc., en la comunicación, se le denomina:

a) Mensajero.
b) Fuente.
c) Receptor.
d) Destino.

22. ¿Cómo se denomina la comunicación en que se emite un mensaje por parte del emisor que llega al receptor, consiguiendo que este ejecute una tarea o una función?

a) Comunicación Horizontal.
b) Comunicación Diagonal.
c) Comunicación Vertical.
d) Comunicación Triangular.

23. ¿A qué se denomina el método que permite a una persona hacer comprensible a otra cualquier idea o hecho que se le quiere transmitir?

a) Comunicación.
b) Transmisión.
c) Explicación o charla.
d) Transferencia.

24. ¿Qué barrera del lenguaje se da por discapacidad física?

a) Neurosis.
b) Alteraciones de la memoria.
c) Ceguera.
d) Psicosis.

25. ¿Cuál es el objetivo en la relación interpersonal celador/paciente/familiar?

a) La salud.
b) La eficiencia profesional.
c) La ayuda.
d) La eficacia profesional.

26. ¿Qué término se aplica cuando en una relación interpersonal no se consigue lo que se esperaba?

a) Enojo.
b) Frustración.
c) Agresividad.
d) Deserción.

27. ¿En qué pilares ha de basarse la relación interpersonal?

a) Compromiso, objetivo común y desinterés.
b) Sinceridad, confianza y respeto.
c) Cooperación, dominación y aislamiento.
d) Confianza, creatividad, compromisos renovados y respeto mutuo.

28. ¿Qué estilo de comunicación favorece la cooperación y evita la confrontación?

a) Comunicación agresiva.
b) Comunicación pasiva.
c) Comunicación asertiva.
d) Comunicación manipulativa.

29. En el proceso de comunicación, ¿cuál es el principal obstáculo cuando el técnico utiliza un lenguaje que el paciente no puede descodificar?

a) Terminología científica.
b) Expresión no verbal.
c) Flujo de información excesivo.
d) Interferencias psicológicas.

30. ¿Cuál de los siguientes no es un componente de la actitud según la psicología social?

a) Componente cognoscitivo.
b) Componente afectivo.
c) Componente motivacional.
d) Componente conductual.

Solución al test n.º 7

1. d) El bienestar emocional, la autoestima, las relaciones sociales y la percepción de apoyo.

2. c) Mantiene contacto directo y continuado con la persona dependiente.

3. c) Sensación de inutilidad y aumento de la dependencia.

4. d) Ansiedad, desorientación y sensación de indefensión.

5. c) Respetar preferencias, decisiones y ritmos personales.

6. c) Aislamiento, apatía y deterioro emocional.

7. c) Cinco etapas: valoración, detección, planificación, ejecución y evaluación.

8. c) La entrevista con el usuario y la familia.

9. c) Datos observables y medibles obtenidos mediante exploración.

10. c) Ser realista, medible, expresado en infinitivo y con plazo definido.

11. c) Comparar objetivos previstos con resultados obtenidos.

12. c) Favorecer autonomía, estimulación y calidad de vida.

13. c) Mejorar funcionamiento cardiocirculatorio y capacidad vital.

14. c) Potenciar imaginación y coordinación mente-mano.

15. c) Participación real y significativa en la vida social.

16. c) Dificultar inclusión y reforzar exclusión social.

17. c) Mantener vínculos sociales y sentido de pertenencia.

18. c) Refuerzo de identidad y autoestima.

19. c) La calidad de vida del usuario y su entorno familiar.

20. c) Dimensiones físicas, emocionales, sociales y comunitarias.

21. b) Fuente.

22. a) Comunicación Horizontal.

23. c) Explicación o charla.

24. c) Ceguera.

25. c) La ayuda.

26. b) Frustración.

27. b) Sinceridad, confianza y respeto.

28. c) Comunicación asertiva.

29. a) Terminología científica.

30. c) Componente motivacional.

TEST N.º 8

Prevención de enfermedades transmisibles. Vías de contagio. Medidas universales. Tipos y técnicas de aislamiento. Limpieza, desinfección y esterilización

1. La persona con capacidad padecer una enfermedad infecciosa se denomina técnicamente:

a) Portador enfermo.
b) Portador sano o asintomático.
c) Huésped susceptible.
d) Huésped refractario.

2. La Epidemiología de las enfermedades transmisibles estudia los factores que van a relacionar el agente causal con...

a) El portador.
b) El ambiente.
c) El sujeto o huésped susceptible.
d) El reservorio.

3. ¿Cuál de estas afirmaciones no es correcta respecto a los postulados de Koch?

a) Siempre debemos encontrar el microorganismo en la enfermedad.
b) Se debe aislar, pero no se cultiva desde las lesiones.
c) Se reproduce la enfermedad al inocular un cultivo puro a un animal susceptible.
d) El microorganismo debe dar lugar a una respuesta inmune detectable en laboratorio.

4. ¿Cómo se denomina la relación de interacción entre agente causal y huésped cuando existe beneficio para el agente o el huésped, pero sin perjuicio para el otro?

a) Saprofitismo.
b) Simbiosis.
c) Parasitismo.
d) Comensalismo.

5. ¿Cómo se denomina la capacidad del agente etiológico para extenderse?

a) Contagiosidad.
b) Infectividad.
c) Patogenicidad.
d) Virulencia.

6. Generalmente la fuente de la enfermedad transmisible suele ser la misma que:

a) El reservorio.
b) El portador sano.
c) El huésped susceptible.
d) El huésped refractario.

7. El suelo en la cadena epidemiológica se comporta como:

a) Reservorio exclusivamente.
b) Mecanismo de transmisión exclusivamente.
c) Reservorio o mecanismo de transmisión.
d) Huésped refractario o vía de contagio.

8. ¿A qué hace referencia la definición: "Todo ser animado o inanimado, en los que el agente etiológico se reproduce y se perpetúa en un ambiente natural del que depende para su supervivencia"?

a) Reservorio.
b) Fuente de infección.
c) Fuente de contagio.
d) Fuente adicional.

9. ¿Qué es la tasa de prevalencia?

a) Nº de personas portadoras en un período/nº de personas observadas en el período x meses de observación.
b) Nº de casos positivos/personas totales en un período específico.
c) Nº de casos negativos/nº de análisis realizados.
d) Ninguna es correcta.

10. ¿Cuál de estas opciones no es un mecanismo de transmisión indirecta de una enfermedad?

a) Por el aire.
b) Por arañazos.
c) Baños.
d) Artrópodos.

11. Existe reservorio telúrico cuando existe transmisión al hombre por medio de:

a) El suelo.
b) El agua.
c) Fómites.
d) Todo lo anterior es cierto.

12. ¿Cuál es la distancia mínima para que se produzca una transmisión directa de una infección por vía aérea, aunque propiamente no exista contacto directo?

a) 1 metro.
b) 2 metros.
c) 3 metros.
d) 4 metros.

13. ¿Qué vía de transmisión de estas es la más frecuente?

a) Transplacentaria.
b) Por bebida de fuente contaminada o comida contaminada.
c) Por vía aérea.
d) Por vía venérea.

14. ¿Cuál es el último eslabón de la cadena epidemiológica?

a) Huésped susceptible (con capacidad de enfermar).
b) Huésped refractario (sin capacidad de enfermar).
c) Fuente.
d) Vector.

15. ¿Qué afirmación es incorrecta en relación a las infecciones relacionadas con la asistencia sanitaria (IRAS)?

a) Son una causa mayor de mortalidad y de sufrimiento para los pacientes.
b) Son fáciles de tratar, a pesar de estar causadas por bacterias multirresistentes (BMR).
c) Incluyen a la infección nosocomial clásica, más las infecciones adquiridas por pacientes de la comunidad en contacto con la asistencia sanitaria.
d) Generan gran frustración a los profesionales sanitarios e incrementa de forma considerable el gasto económico.

16. ¿Qué Servicio o Unidad de Hospitalización presenta la mayor prevalencia de infecciones hospitalarias?

a) UCI.
b) Rehabilitación.
c) Cardiología.
d) Consultas Externas.

17. ¿Cómo se denomina la infección causada por microorganismos pertenecientes a la propia flora comensal del paciente?

a) Exógena.
b) Ecológica.
c) Endógena.
d) Es imposible que esta se dé.

18. ¿A qué se asocia en mayor porcentaje el origen de las infecciones urinarias de tipo nosocomial? Se asocia a...

a) Heridas durante el esfuerzo de orinar.
b) Contactos directos del personal de enfermería con el paciente.
c) Manipulaciones instrumentales de las vías urinarias (sondaje vesical).
d) Fómites del cuarto de aseo del paciente.

19. ¿Cuál es la principal medida preventiva para evitar las infecciones cruzadas en el hospital?

a) Lavado de mano quirúrgico.
b) Lavado de mano higiénico.
c) Lavado de mano especial.
d) Lavado de mano antiséptico.

20. ¿Qué medida no es preventiva de las infecciones respiratorias de tipo nosocomial?

a) Esterilizar los broncoscopios cada vez que se utilicen.
b) Utilizar tubos endotraqueales estériles y desechables.
c) Realizar traqueotomías con frecuencia.
d) Favorecer los tratamientos posturales y hacer fisioterapia respiratoria, motivando al paciente para que aproveche al máximo su capacidad pulmonar.

21. ¿Qué tipo de agentes utiliza más frecuentemente la asepsia para conseguir matar y eliminar los microorganismos?

a) Agentes mecánicos.
b) Agentes físicos.
c) Agentes biológicos.
d) Agentes químicos.

22. El material estéril:

a) No posee ningún tipo de microorganismo patógeno.
b) No posee gérmenes tipo virus, bacterias y hongos.

c) No posee ningún tipo de microorganismo patógeno, ni microorganismo no patógeno, e incluso ni siquiera sus formas de resistencia.

d) No posee ningún tipo de microorganismo patógeno y no patógeno.

23. ¿Qué termino es sinónimo de antisepsia en la práctica?

a) Descontaminación.
b) Desinfección.
c) Esterilización.
d) Desinfestación.

24. ¿Cómo se denomina al conjunto de técnicas destinadas a la eliminación de los artrópodos?

a) Desinsectación.
b) Desinfección.
c) Esterilización.
d) Desinfestación.

25. ¿Qué insecticidas en la práctica se consideran los más importantes?

a) Asfixiantes.
b) Fumigantes.
c) Repelentes.
d) Por contacto.

26. ¿A qué grupo de insecticidas pertenece el famoso DDT?

a) Asfixiantes.
b) Fumigantes.
c) Repelentes.
d) Por contacto.

27. ¿Dónde incluirías a la aguja de Reverdin en la clasificación del instrumental quirúrgico?

a) En instrumental de Hemostasia.
b) En instrumental de sutura.
c) En instrumental de disección.
d) En instrumental de corte.

28. Dentro de la clasificación de bisturíes entra:

a) Tijeras para suturas.
b) Pinzas de Kelly.

c) Las lancetas.
d) Catgut.

29. Las pinzas utilizadas para hemostasia de menor tamaño son:

a) Pean.
b) Kelly.
c) Kocher.
d) Mosquito.

30. El instrumental quirúrgico de síntesis es el instrumental:

a) De talla o campo.
b) De sutura.
c) De hemostasia.
d) De exposición.

31. ¿Cómo se denomina el instrumental quirúrgico que sirve para que el campo operatorio esté libre y las maniobras del cirujano puedan hacerse con seguridad?

a) Instrumental quirúrgico de disección.
b) Instrumental quirúrgico de exposición.
c) Instrumental quirúrgico de aprehensión.
d) Instrumental quirúrgico de sutura.

32. Las pinzas Duval-Collin son instrumentales quirúrgicos de:

a) Aprehensión.
b) De sutura.
c) De hemostasia.
d) De exposición.

33. ¿Qué es falso de un buen desinfectante?

a) Es aquel que no es tóxico ni corrosivo.
b) Es aquel que es de bajo costo y de olor agradable.
c) Es aquel que posee un espectro reducido de acción.
d) Es aquel que es biodegradable y se puede usar diluido en agua o alcohol.

34. Una esterilización destruye o elimina:

a) Todos los gérmenes patógenos.
b) Todos los gérmenes no patógenos.
c) Las formas de resistencia o esporas.
d) Todo lo anterior.

35. ¿Qué rayos solares son considerados desinfectantes?

a) Los rayos actínicos.
b) Los rayos ultravioletas.
c) Los rayos infrarrojos.
d) Los rayos láser.

36. ¿Cómo se denomina el material sanitario que requiere de asepsia total?

a) Crítico.
b) Semicrítico.
c) No crítico.
d) Desinfectado.

37. Una prótesis de la cabeza femoral la incluirías dentro del material sanitario:

a) Crítico.
b) Semicrítico.
c) No crítico.
d) Desinfectado.

38. ¿Qué elementos de estos es de fijación?

a) Vendas.
b) Hule.
c) Celulosa.
d) Algodón hidrófilo.

39. ¿Cada cuánto se limpia el mobiliario de la habitación del paciente?

a) Se limpia cada día.
b) Se limpia cada tres días.
c) Se limpia una vez a la semana.
d) Se limpia una vez al mes.

40. ¿Cuál es la base de la realización del procedimiento de limpieza-descontaminación?

a) Realizar una observación de cómo están los materiales antes de ser llevados a la central de esterilización.
b) Hacer una limpieza preliminar y no definitiva del material e instrumental antes de ser llevados a la central de esterilización.
c) Efectuar una limpieza de los materiales, de forma que queden completamente limpios para ser llevados así a la central de esterilización.
d) Esencialmente descontaminar con seguridad los materiales antes de ser llevados a la central de esterilización, aunque no estén limpios al 100 %.

41. ¿Qué método se emplea para la destrucción de todos los microorganismos y formas de resistencia de los mismos (esporas)?

a) Antisepsia.
b) Desinfección.
c) Esterilización.
d) Fumigación.

42. ¿Cuál de estos mecanismos de acción no se emplea en esterilización?

a) Muerte por calor.
b) Muerte por frío.
c) Muerte por agente químico.
d) Muerte por radiación.

43. ¿Cuál de estas técnicas de esterilización es en "frío"?

a) Mediante autoclave.
b) Mediante horno Pasteur.
c) Mediante flameado.
d) Mediante radiación gamma.

44. ¿Cuál de las siguientes ventajas e inconvenientes del autoclave es falsa?

a) Es un medio de esterilizar barato, sencillo, rápido y eficaz.
b) Es aplicable a una gran gama de materiales.
c) Las altas temperaturas de la técnica desestructura el material.
d) Son correctas todas las respuestas anteriores.

45. ¿Qué procedimiento de esterilización por calor es aquel que consiste en el uso de hornos crematorios para quemar el material de un solo uso y otros contaminados biológicamente?

a) Flameado.
b) Horno Pasteur.
c) Poupinel.
d) Incineración.

46. ¿Qué envoltorio del material a esterilizar es el más utilizado es la estufa Poupinel?

a) Bolsas de vidrio.
b) Bolsas de plomo.
c) Bolsas de aluminio.
d) Bolsas de plástico termorresistente.

47. ¿En cuál de estas técnicas de esterilización no son utilizados los métodos químicos?

a) En óxido de etileno.
b) En glutaraldehído.
c) En formol.
d) En el flameado.

48. ¿Cuánto tiempo debe estar inmerso el material que se va a esterilizar con glutaraldehído al 2 %?

a) 10 minutos.
b) 1 hora.
c) 5 horas.
d) 10 horas.

49. ¿Dónde se sitúa normalmente el Servicio de esterilización en un Hospital?

a) En su planta más alta.
b) En planta baja o sótano.
c) Siempre en la planta 3.ª
d) No importa donde se ubique.

50. ¿Cuál de estos riesgos es general en el servicio de esterilización?

a) Deshidratación por excesivo calor.
b) Caídas y cortes.
c) Quemadura en zona de incineración.
d) Explosión por uso inadecuado de óxido de etileno.

51. ¿Mediante qué procedimiento hoy día en los autoclaves modernos se comprueban las condiciones físicas de los aparatos?

a) Mediante impresión de los registros o gráfico directo de los registros de presión, tiempo y temperatura.
b) Mediante sensor térmico.
c) Mediante sensor de presión.
d) Mediante sensor de variables.

52. ¿Cuál de estos métodos de control no corresponde a controles físicos?

a) Los termómetros.
b) Los manómetros.
c) Los tubos testigos.
d) Los medidores de humedad.

53. ¿Dónde se colocan los indicadores colorimétricos como medio de control químico esencialmente térmico que comprueban si la esterilización ha funcionado?

a) Se colocan dentro del paquete a esterilizar y en zonas del interior del autoclave de difícil acceso.
b) Se colocan en el exterior en forma de cinta autoadhesiva y en zonas del interior del autoclave de difícil acceso.
c) Se colocan en el exterior en forma de cinta autoadhesiva y dentro del paquete.
d) Se colocan en el exterior en forma de cinta autoadhesiva, dentro del paquete y en zonas del interior del autoclave de difícil acceso.

54. ¿Qué técnicas de medio de control químico (testigo) se realizan en esterilización?

a) Técnicas azufradas.
b) Técnicas colorimétricas.
c) Técnicas olorimétricas.
d) Las respuestas a) y c) son correctas.

55. ¿De qué depende el período que dura una esterilización?

a) Depende del tipo de control biológico realizado y del tipo de envoltorio empleado.
b) Depende del tipo de envoltorio utilizado y del medio de transporte empleado.
c) Depende del tipo de envoltorio utilizado, de las condiciones de almacenamiento, del tipo de material, y del transporte empleado, entre otros.
d) Depende del tipo de control físico, químico y biológico realizado.

56. ¿Qué se emplea para el transporte del material esterilizado si es voluminoso?

a) Se utilizan grúas especiales.
b) Se utilizan carretillas abiertas.
c) Se utilizan bolsas de plástico cerradas.
d) Se utilizan carros herméticos.

57. El material esterilizado que se vaya a almacenar en las plantas debe ser utilizado en:

a) 6-12 horas.
b) 24-48 horas.
c) 48-72 horas.
d) 72-96 horas.

58. ¿Cuál es el tiempo de caducidad del material esterilizado dentro de las bolsas o papel mixto envasado doble y empleado para autoclaves?

a) De 3 meses.
b) De 6 meses.

c) De 9 meses.
d) De 12 meses.

59. ¿Cuál es el tiempo de caducidad del material esterilizado en las condiciones de triple barrera?

a) 1 mes.
b) 2 meses.
c) 3 meses.
d) 6 meses.

60. ¿Cuál es el tiempo de caducidad del material esterilizado dentro de los contenedores con protección de filtro?

a) 1 mes.
b) 2 meses.
c) 3 meses.
d) 6 meses.

Solución al test n.º 8

1. c) Huésped susceptible.

2. c) El sujeto o huésped susceptible.

3. b) Se debe aislar, pero no se cultiva desde las lesiones.

4. d) Comensalismo.

5. a) Contagiosidad.

6. a) El reservorio.

7. c) Reservorio o mecanismo de transmisión.

8. a) Reservorio.

9. b) Nº de casos positivos/personas totales en un período específico.

10. b) Por arañazos.

11. d) Todo lo anterior es cierto.

12. a) 1 metro.

13. c) Por vía aérea.

14. a) Huésped susceptible (con capacidad de enfermar).

15. b) Son fáciles de tratar, a pesar de estar causadas por bacterias multirresistentes (BMR).

16. a) UCI.

17. c) Endógena.

18. c) Manipulaciones instrumentales de las vías urinarias (sondaje vesical).

19. b) Lavado de mano higiénico.

20. c) Realizar traqueotomías con frecuencia.

21. b) Agentes físicos.

22. c) No posee ningún tipo de microorganismo patógeno, ni microorganismo no patógeno, e incluso ni siquiera sus formas de resistencia.

23. b) Desinfección.

24. a) Desinsectación.

25. d) Por contacto.

26. d) Por contacto.

27. b) En instrumental de sutura.

28. c) Las lancetas.

29. d) Mosquito.

30. b) De sutura.

31. b) Instrumental quirúrgico de exposición.

32. a) Aprehensión.

33. c) Es aquel que posee un espectro reducido de acción.

34. d) Todo lo anterior.

35. b) Los rayos ultravioletas.

36. a) Crítico.

37. a) Crítico.

38. a) Vendas.

39. a) Se limpia cada día.

40. c) Efectuar una limpieza de los materiales, de forma que queden completamente limpios para ser llevados así a la central de esterilización.

41. c) Esterilización.

42. b) Muerte por frío.

43. d) Mediante radiación gamma.

44. d) Son correctas todas las respuestas anteriores.

45. d) Incineración.

46. c) Bolsas de aluminio.

47. d) En el flameado.

48. d) 10 horas.

49. b) En planta baja o sótano.

50. b) Caídas y cortes.

51. a) Mediante impresión de los registros o gráfico directo de los registros de presión, tiempo y temperatura.

52. c) Los tubos testigos.

53. d) Se colocan en el exterior en forma de cinta autoadhesiva, dentro del paquete y en zonas del interior del autoclave de difícil acceso.

54. b) Técnicas colorimétricas.

55. c) Depende del tipo de envoltorio utilizado, de las condiciones de almacenamiento, del tipo de material, y del transporte empleado, entre otros.

56. d) Se utilizan carros herméticos.

57. b) 24-48 horas.

58. d) De 12 meses.

59. c) 3 meses.

60. d) 6 meses.

TEST N.º 9

El proceso del envejecimiento. Las demencias. Tipos y causas. La enfermedad de Alzheimer. Prevención de las demencias. Envejecimiento activo

1. La edad funcional en geriatría se refiere a:

a) El número de años vividos desde el nacimiento.
b) El estado psicológico percibido por la persona.
c) La capacidad para mantener roles personales e integración social.
d) El estado morfológico de los órganos comparado con patrones estándar.

2. Una pirámide de Burgdöfer con forma de ánfora indica:

a) Población joven.
b) Población envejecida con mayor proporción de ancianos que jóvenes.
c) Población en transición demográfica.
d) Población estacionaria.

3. El anciano frágil se caracteriza por:

a) Ausencia total de patología.
b) Tener exclusivamente más de 65 años.
c) Padecer una única enfermedad aguda.
d) Presentar factores de riesgo como polifarmacia, caídas o aislamiento social.

4. El envejecimiento primario es:

a) El deterioro inevitable asociado al paso del tiempo.
b) El causado por enfermedades crónicas.
c) El producido por factores ambientales exclusivamente.
d) El que solo afecta al sistema nervioso.

143

5. Una modificación fisiológica digestiva propia del envejecimiento es:

a) Aumento de la motilidad intestinal.
b) Hipertrofia gástrica.
c) Disminución de ácido gástrico y pepsina.
d) Incremento de absorción de vitamina B12.

6. La demencia se define como:

a) Alteración aguda del nivel de conciencia.
b) Trastorno reversible de memoria aislado.
c) Síndrome adquirido con deterioro persistente de funciones mentales superiores sin alteración de conciencia.
d) Pérdida exclusiva de memoria reciente.

7. La demencia vascular suele presentar:

a) Curso progresivo lineal.
b) Inicio brusco con recuperación total.
c) Evolución en escalera con deterioro irreversible.
d) Únicamente alteraciones conductuales.

8. La enfermedad de Alzheimer representa aproximadamente:

a) 10 % de las demencias.
b) 50 % de los casos de demencia.
c) 80 % de las demencias secundarias.
d) 5 % de la población general.

9. En el primer grado del Alzheimer predomina:

a) Estado vegetativo.
b) Pérdida total del lenguaje.
c) Fallo de memoria a corto plazo y dificultades en tareas complejas.
d) Hiperetamorfosis.

10. La hiperoralidad es característica del:

a) Primer grado.
b) Segundo grado.
c) Tercer grado exclusivamente.
d) Fase terminal únicamente.

11. En el tercer grado del Alzheimer se observa:

a) Conservación de juicio.
b) Memoria intacta.

c) Ausencia casi total de funcionamiento intelectual.
d) Mejora conductual.

12. El déficit de acetilcolina en Alzheimer se considera:

a) Causa única.
b) Mecanismo inflamatorio primario.
c) Epifenómeno asociado a la muerte neuronal.
d) Alteración reversible.

13. Las placas seniles están formadas por:

a) Colágeno.
b) Sustancia calcificada.
c) Depósitos de proteína beta-amiloide.
d) Dopamina.

14. En la atención integral al anciano se deben abordar:

a) Solo aspectos sanitarios.
b) Exclusivamente los sociales.
c) Aspectos físicos, psicológicos, sociales y relacionales.
d) Únicamente la enfermedad principal.

15. El acto geriátrico se caracteriza por:

a) Sustituir siempre al anciano en AVD.
b) Priorizar rapidez sobre autonomía.
c) Fomentar decisiones propias respetando valores e historia personal.
d) Uniformidad asistencial.

16. Entre las modificaciones respiratorias del envejecimiento se encuentra:

a) Aumento de capacidad vital.
b) Disminución del volumen residual.
c) Disminución de la capacidad pulmonar total.
d) Incremento del intercambio gaseoso.

17. El envejecimiento activo implica:

a) Ausencia de enfermedad.
b) Exclusivamente ejercicio físico.
c) Optimización de salud, participación y seguridad.
d) Dependencia institucional.

18. La estimulación cognitiva contribuye a:

a) Acelerar deterioro.
b) Sustituir tratamiento farmacológico.
c) Mantener funciones mentales y plasticidad cerebral.
d) Eliminar demencia establecida.

19. Entre los cuidados del hábitat en demencia se recomienda:

a) Suelos muy pulidos.
b) Sustituir escaleras por rampas.
c) Muebles ligeros.
d) Iluminación tenue.

20. Para prevenir escaras se deben realizar:

a) Baños frecuentes.
b) Dietas líquidas.
c) Cambios posturales y vigilancia de puntos de apoyo.
d) Restricción de movilidad.

21. El ejercicio recomendado en el anciano es:

a) Fuerza máxima.
b) Velocidad intensa.
c) Paseos y actividades suaves adaptadas.
d) Reposo continuo.

22. En la demencia tipo Alzheimer el inicio es:

a) Brusco.
b) Reversible.
c) Gradual y progresivo.
d) Asociado a pérdida de conciencia.

23. La confabulación aparece en:

a) Primer grado leve.
b) Segundo grado con pérdida de memoria.
c) Fase terminal exclusivamente.
d) Demencia reversible.

24. El anciano sano se define como:

a) Mayor de 80 años sin ingresos hospitalarios.
b) Mayor de 65 años sin patología ni problemática funcional, mental o social.
c) Persona sin dependencia física.
d) Persona institucionalizada.

25. El objetivo principal de la asistencia geriátrica es:

a) Hospitalización prolongada.
b) Medicalización intensiva.
c) Mantener o reintegrar al anciano en su domicilio con bienestar y seguridad.
d) Derivación sistemática a residencias.

26. El concepto de envejecimiento activo se basa en:

a) La ausencia total de enfermedad en la persona mayor.
b) La institucionalización temprana para prevenir riesgos.
c) Optimizar salud, participación y seguridad para mejorar la calidad de vida al envejecer.
d) La reducción de actividades para evitar deterioro.

27. La estimulación cognitiva en el envejecimiento activo tiene como finalidad principal:

a) Sustituir el tratamiento farmacológico en demencias.
b) Evitar cualquier pérdida de memoria asociada a la edad.
c) Mantener funciones mentales y retrasar el deterioro cognitivo favoreciendo la plasticidad cerebral.
d) Reducir la necesidad de interacción social.

28. La participación social en el envejecimiento activo contribuye especialmente a:

a) Disminuir la movilidad física.
b) Reducir la autonomía personal.
c) Prevenir aislamiento, depresión y deterioro emocional.
d) Evitar el contacto familiar.

29. La adaptación del entorno dentro del envejecimiento activo tiene como objetivo:

a) Limitar desplazamientos para evitar accidentes.
b) Sustituir la autonomía por supervisión constante.
c) Garantizar accesibilidad, seguridad y eliminación de barreras arquitectónicas.
d) Reducir la exposición a estímulos ambientales.

30. El papel del TCAE en la promoción del envejecimiento activo consiste en:

a) Realizar las actividades por la persona para evitar esfuerzos.
b) Limitar la participación en actividades para prevenir riesgos.
c) Fomentar la autonomía en AVD, respetar ritmos y motivar la participación en actividades significativas.
d) Priorizar la seguridad aunque se restrinja la independencia.

Solución al test n.º 9

1. c) La capacidad para mantener roles personales e integración social.

2. b) Población envejecida con mayor proporción de ancianos que jóvenes.

3. d) Presentar factores de riesgo como polifarmacia, caídas o aislamiento social.

4. a) El deterioro inevitable asociado al paso del tiempo.

5. c) Disminución de ácido gástrico y pepsina.

6. c) Síndrome adquirido con deterioro persistente de funciones mentales superiores sin alteración de conciencia.

7. c) Evolución en escalera con deterioro irreversible.

8. b) 50 % de los casos de demencia.

9. c) Fallo de memoria a corto plazo y dificultades en tareas complejas.

10. b) Segundo grado.

11. c) Ausencia casi total de funcionamiento intelectual.

12. c) Epifenómeno asociado a la muerte neuronal.

13. c) Depósitos de proteína beta-amiloide.

14. c) Aspectos físicos, psicológicos, sociales y relacionales.

15. c) Fomentar decisiones propias respetando valores e historia personal.

16. c) Disminución de la capacidad pulmonar total.

17. c) Optimización de salud, participación y seguridad.

18. c) Mantener funciones mentales y plasticidad cerebral.

19. b) Sustituir escaleras por rampas.

20. c) Cambios posturales y vigilancia de puntos de apoyo.

21. c) Paseos y actividades suaves adaptadas.

22. c) Gradual y progresivo.

23. b) Segundo grado con pérdida de memoria.

24. b) Mayor de 65 años sin patología ni problemática funcional, mental o social.

25. c) Mantener o reintegrar al anciano en su domicilio con bienestar y seguridad.

26. c) Optimizar salud, participación y seguridad para mejorar la calidad de vida al envejecer.

27. c) Mantener funciones mentales y retrasar el deterioro cognitivo favoreciendo la plasticidad cerebral.

28. c) Prevenir aislamiento, depresión y deterioro emocional.

29. c) Garantizar accesibilidad, seguridad y eliminación de barreras arquitectónicas.

30. c) Fomentar la autonomía en AVD, respetar ritmos y motivar la participación en actividades significativas.

TEST N.º 10

Atención y cuidados al residente en sus necesidades de movilidad. Movilización, traslado y deambulación. Productos de apoyo. Prevención de caídas. Protocolos de actuación

1. El desarrollo de un programa de ejercicios encaminado a conseguir el restablecimiento de las funciones disminuidas por la enfermedad es:

a) Movilización.
b) Fisioterapia.
c) Masoterapia.
d) Nada de lo anterior.

2. ¿Qué causa física del inmovilismo es fisiológica?

a) La artrosis.
b) La osteoporosis.
c) La enfermedad de Parkinson.
d) Las producidas por el envejecimiento de las personas.

3. Considerando exclusivamente la fuerza, el ángulo de tracción óptimo para cualquier músculo es de:

a) 30 grados.
b) 45 grados.
c) 60 grados.
d) 90 grados.

4. Las úlceras por presión se evitan:

a) Con una sistemática de cambios posturales frecuentes.
b) La necesidad de una aplicación adecuada de buenas posiciones no es prioritaria.
c) Tomando todos los días la medicación recomendada.
d) Son ciertas las respuestas a) y c).

5. ¿Qué paso a seguir es incorrecto en el procedimiento para mover a un enfermo hacia el borde de la cama?

a) El auxiliar se ubicará en el lado de la cama hacia donde se moverá al enfermo.
b) Quitar toda la ropa de la cama, incluso la sábana encimera.
c) Colocar el brazo del paciente que se encuentre más cercano a nosotros a lo largo de su tórax.
d) Colocar un pie delante del otro y flexionar las rodillas.

6. ¿Qué es falso del procedimiento de ayudar a un enfermo a ponerse de pie desde la cama colocando previamente al mismo en posición de decúbito lateral?

a) Elevar el segmento superior de la cama hasta conseguir un ángulo comprendido entre 45 y 60º.
b) Nos colocamos en la posición opuesta a las caderas del paciente y pasamos nuestro brazo más cercano a los hombros del enfermo por debajo de ellos, mientras que el otro brazo lo colocamos sobre el muslo más lejano.
c) Girar hacia la pierna de detrás de forma que las piernas del paciente se columpien hacia adelante y nuestro peso cambie a la pierna de atrás y con ello logramos que el enfermo esté sentado en el borde de la cama.
d) El tipo de posicionamiento previo en decúbito lateral debe ser el contrario con el lado hacia el cual se va a levantar al paciente.

7. ¿Qué maniobra es la primera que hay que hacer si queremos transferir un enfermo de la cama a un sillón?

a) Colocar el sillón paralelo a la cama y a la altura de los pies.
b) Colocar al paciente en la orilla de la cama.
c) Sentar al paciente en la cama con las piernas por fuera.
d) Colocar el sillón paralelo al familiar del paciente.

8. ¿Qué pacientes requerirán de mayor atención del TCAE para cubrir sus necesidades básicas y para llevar a cabo con ellos posturas corregidas para evitar que se produzcan complicaciones? Enfermos…

a) No colaboradores.
b) Con traumatismo espinal con un aumento de la presión intracraneal.
c) Hemipléjicos.
d) Ninguno de los anteriores.

9. ¿Cuántos kg se aplican en la tracción esquelética para obtener el efecto terapéutico?

a) 3 a 6.
b) 4,5 a 8.

c) 7 a 12.
d) 10 a 20.

10. ¿Quién debe supervisar los sistemas y conexiones del respirador, así como los tubos y cánulas, para proceder de forma adecuada a la movilización de un paciente asistido por ventilación artificial?

a) Un celador.
b) Un Técnico en Cuidados Auxiliares de Enfermería.
c) Un diplomado en enfermería.
d) Puede supervisarlo cualquiera de los anteriores.

11. ¿Qué es lo primero a efectuar antes de hacer un traslado?

a) Indicar al paciente qué vas a hacer.
b) Presentarte a la supervisora e indicarle tu misión.
c) Hacer traslado con seguridad y bienestar para el paciente si no es urgente.
d) Esperar a que la persona responsable se haga cargo del paciente en destino.

12. ¿Qué es incorrecto a la hora de transportar a un paciente en una silla de ruedas?

a) Siempre se empuja por detrás, excepto cuando se sale o entra en el ascensor.
b) Cuando se cruza una puerta de hojas elásticas, se volverá la silla y pasará el auxiliar o celador antes que el paciente, caminando hacia atrás.
c) Si se baja una rampa, el celador o auxiliar caminará hacia atrás.
d) El traslado hacia un vehículo cuando es dado de alta un paciente se efectuará colocando la silla perpendicular al coche sin necesidad de frenarla (la frena el propio vehículo) y con los reposapiés levantados.

13. ¿Para qué se realizan los ejercicios de amplitud de movimientos?

a) Para mantener la movilidad de las articulaciones.
b) No valen para prevenir las contracturas.
c) No ayudan a preparar a la persona que ha estado tiempo encamada para deambular.
d) No evitan atrofias.

14. ¿Qué finalidad poseen los ejercicios isométricos?

a) Ayudar a preparar a la persona que ha estado tiempo encamada a deambular.
b) Fortalecer y tonificar los músculos.
c) Ayudar a preparar a la persona que ha estado tiempo en sedestación a deambular.
d) Nada de lo anterior es cierto.

15. La posición de mantenerse parado en ambos pies se denomina:

a) Fowler.
b) Bipedestación.
c) Anatómica.
d) Sedestación.

16. ¿Qué indicaciones son las más frecuentes de las muletas de aluminio?

a) Esguinces.
b) Enfermos tetrapléjicos.
c) Enfermos parapléjicos.
d) Son ciertas las respuestas b) y c).

17. ¿Cuál de estas ayudas es autoestable?

a) Pasamanos.
b) Barras paralelas.
c) Bastones multipodales.
d) Ninguna de las anteriores.

18. ¿Qué define la OMS como la consecuencia de cualquier acontecimiento que precipita al paciente al suelo en contra de su voluntad?

a) Traumatismo.
b) Suicidio.
c) Caída.
d) Accidente.

19. ¿Cómo se denominan los factores de riesgo de caídas que están relacionados con las condiciones generales del propio individuo?

a) Constitucionales.
b) Extrínsecos.
c) Intrínsecos.
d) Precipitantes.

20. ¿Qué es lo primero que hay que hacer ante la realidad de que la caída se ha producido?

a) Evaluación de la misma.
b) Intervenir modificando los elementos desencadenantes.
c) Intervenir modificando los elementos precipitantes.
d) Realizar un croquis de las circunstancias.

21. ¿Cuál es el plano anatómico que divide nuestro cuerpo en una parte anterior y otra posterior?

a) El plano frontal.
b) El plano sagital.
c) El plano transversal.
d) El plano oblicuo.

22. Los ejes longitudinal y sagital forman el plano:

a) Frontal.
b) Transversal.
c) Horizontal.
d) Sagital.

23. ¿Cuál es el movimiento que implica plegar o doblar una extremidad sobre una articulación?

a) Extensión.
b) Supinación.
c) Flexión.
d) Pronación.

24. ¿Cómo se denominan todas aquellas posturas o posiciones que el paciente puede adoptar en la cama, camilla, mesa de exploraciones, etc., que son de interés para el manejo del enfermo por el personal sanitario y de manera especial por el técnico en cuidados auxiliares de enfermería?

a) Posiciones de examen del paciente encamado.
b) Posiciones anatómicas del paciente encamado.
c) Posiciones básicas del paciente encamado.
d) Posiciones exploratorias del paciente encamado.

25. ¿Qué material de estos no es necesario para realizar los cambios posturales del paciente?

a) Almohadas, cojines y ropa limpia.
b) Férulas y a veces protectores de protuberancia.
c) Jabón y antisépticos.
d) Son todos necesarios.

26. Los cambios posturales del enfermo encamado para prevenir la aparición de úlceras se efectuarán cada:

a) 2-3 horas.
b) 4-5 horas.

c) 6-8 horas.
d) 12 horas.

27. ¿Qué posición es de mucha utilidad en las embarazadas para evitar el "síndrome de hipotensión en decúbito supino" que se produce como consecuencia de la compresión del útero sobre la vena cava inferior?

a) Decúbito dorsal.
b) Decúbito lateral izquierdo o derecho.
c) Decúbito prono.
d) Decúbito ventral.

28. ¿Qué ángulo forma el paciente que se encuentra en la posición de Fowler semisentado, con la cabecera levantada y piernas ligeramente flexionadas?

a) 15º.
b) 30º.
c) 45º.
d) 60º.

29. La posición de seguridad, en la que se coloca a los enfermos inconscientes para facilitarles la eliminación de las secreciones y evitarles la broncoaspiración es:

a) La posición de Sims.
b) La posición de decúbito supino.
c) La posición de Fowler.
d) La posición de Trendelenburg.

30. ¿Qué posición es la de la imagen?

a) Posición de Trendelenburg.
b) Posición de Morestin.
c) Posición de Roser.
d) Posición de Fowler.

31. ¿Cómo se llama también la posición de antiTrendelenburg?

a) La posición de litotomía.
b) La posición de Morestin.
c) La posición de Roser.
d) La posición de Sims.

32. La posición mahometana es:

a) La posición de litotomía.
b) La posición de Fowler.

c) La posición de Morestin.
d) La posición genupectoral.

33. ¿Cuál de estas posiciones es quirúrgica?

a) Posición de Fowler.
b) Posición de decúbito supino.
c) Posición de Morestin.
d) Posición de decúbito prono.

34. ¿Cuál de estas posiciones consideras quirúrgica?

a) Posición de Trendelenburg.
b) Posición de decúbito prono.
c) Posición de Fowler.
d) Posición de Sims.

35. La posición de Kraske se emplea en:

a) Pacientes que presenten problemas digestivos con reflujo gastrointestinal, hernias de hiato y enfermedades respiratorias.
b) Pacientes que presenten problemas cardíacos.
c) Cirugía coxígea.
d) Posición antishock.

36. La posición de laminectomía se emplea en:

a) Exploración de recto y previa a colonoscopias.
b) Intervenciones de hernias discales a nivel lumbar o torácico del raquis.
c) Cirugía digestiva de intestino grueso.
d) Intervenciones de vesícula biliar y previa a laparoscopia.

37. La posición de craneotomía se emplea en:

a) Intervenciones de mama.
b) Intervenciones de tórax.
c) Operaciones donde es necesaria la rotura ósea de cráneo.
d) Intervenciones de hernias discales.

38. ¿Para qué exploración se emplea la posición de navaja sevillana?

a) Coxis.
b) Axis.
c) Hemorroides.
d) Uréteres.

39. ¿En qué cavidad de nuestra corporalidad se encuentra la cavidad peritoneal?

a) En la cavidad pélvica.
b) En la cavidad abdominal.
c) En la cavidad torácica.
d) En la cavidad mediastínica.

40. ¿Cómo se denomina el movimiento de alejamiento del plano medio?

a) Flexión.
b) Eversión.
c) Abducción.
d) Rotación.

Solución al test n.º 10

1. a) Movilización.

2. d) Las producidas por el envejecimiento de las personas.

3. d) 90 grados.

4. a) Con una sistemática de cambios posturales frecuentes.

5. b) Quitar toda la ropa de la cama, incluso la sábana encimera.

6. d) El tipo de posicionamiento previo en decúbito lateral debe ser el contrario con el lado hacia el cual se va a levantar al paciente.

7. a) Colocar el sillón paralelo a la cama y a la altura de los pies.

8. c) Hemipléjicos.

9. c) 7 a 12.

10. c) Un diplomado en enfermería.

11. b) Presentarte a la supervisora e indicarle tu misión.

12. d) El traslado hacia un vehículo cuando es dado de alta un paciente se efectuará colocando la silla perpendicular al coche sin necesidad de frenarla (la frena el propio vehículo) y con los reposapiés levantados.

13. a) Para mantener la movilidad de las articulaciones.

14. b) Fortalecer y tonificar los músculos.

15. b) Bipedestación.

16. a) Esguinces.

17. c) Bastones multipodales.

18. c) Caída.

19. c) Intrínsecos.

20. a) Evaluación de la misma.

21. a) El plano frontal.

22. d) Sagital.

23. c) Flexión.

24. c) Posiciones básicas del paciente encamado.

25. c) Jabón y antisépticos.

26. a) 2-3 horas.

27. b) Decúbito lateral izquierdo o derecho.

28. c) 45°.

29. a) La posición de Sims.

30. a) Posición de Trendelenburg.

31. b) La posición de Morestin.

32. d) La posición genupectoral.

33. c) Posición de Morestin.

34. a) Posición de Trendelenburg.

35. c) Cirugía coxígea.

36. b) Intervenciones de hernias discales a nivel lumbar o torácico del raquis.

37. c) Operaciones donde es necesaria la rotura ósea de cráneo.

38. c) Hemorroides.

39. b) En la cavidad abdominal.

40. c) Abducción.

TEST N.º 11

Promoción de la autonomía y la seguridad. La eliminación de contenciones en el ámbito residencial. Protocolo de buenas prácticas en la aplicación de medidas de sujeción

1. La promoción de la autonomía en el ámbito residencial implica principalmente:

a) Reconocer a la persona como protagonista de su cuidado y ajustar los apoyos a sus capacidades.
b) Priorizar la seguridad aunque limite decisiones.
c) Aplicar protocolos uniformes.
d) Evitar cualquier riesgo mediante restricción preventiva.

2. Una intervención centrada exclusivamente en la seguridad puede derivar en:

a) Mayor autoestima.
b) Prácticas restrictivas innecesarias.
c) Mayor participación.
d) Reducción del riesgo real.

3. Según el protocolo, la sujeción física debe considerarse:

a) Medida preventiva habitual.
b) Estrategia organizativa.
c) Recurso excepcional y temporal ante riesgo grave.
d) Intervención prioritaria en demencias.

4. No constituye indicación válida de sujeción física:

a) Prevención de autolesiones sin alternativas eficaces.
b) Mantenimiento imprescindible de dispositivos médicos.
c) Riesgo inminente grave para terceros.
d) Prevención general de caídas en personas mayores.

5. La contención química incluye:

a) Uso de barandillas.
b) Chalecos de sujeción.
c) Administración de psicofármacos con efecto sedante.
d) Aislamiento ambiental.

6. Antes de aplicar una sujeción debe realizarse:

a) Evaluación exhaustiva del riesgo y registro de alternativas previas.
b) Aplicación inmediata y registro posterior.
c) Autorización del TCAE.
d) Decisión familiar exclusiva.

7. Entre las medidas ambientales alternativas se encuentra:

a) Cierre permanente de puertas.
b) Uso rutinario de cinturones abdominales.
c) Eliminación de obstáculos y mejora de iluminación.
d) Reducción de espacios comunes.

8. En la comunicación con persona agitada se debe evitar:

a) Escuchar activamente.
b) Mantener actitud tranquila.
c) Informar del carácter transitorio de la crisis.
d) Avergonzar públicamente a la persona.

9. La indicación formal de sujeción física corresponde a:

a) Enfermería exclusivamente.
b) TCAE.
c) Familiar responsable.
d) Profesional médico responsable de la atención.

10. El TCAE en relación con la sujeción:

a) Prescribe duración.
b) Coloca el dispositivo y participa en el control y cuidados.
c) Autoriza legalmente.
d) Sustituye valoración médica.

11. Durante los primeros días de sujeción se requiere:

a) Supervisión mínima.
b) Registro semanal.

c) Observación estrecha del estado físico y psíquico.
d) Control solo si hay incidencias.

12. Entre las consecuencias negativas de las sujeciones está:

a) Mejora funcional.
b) Aumento de movilidad.
c) Aparición de úlceras y deterioro de AVD.
d) Reducción del estrés.

13. El consentimiento informado debe:

a) Ser opcional si hay riesgo.
b) Sustituirse por decisión institucional.
c) Documentarse y firmarse por persona usuaria o representante legal.
d) Aplicarse solo en centros privados.

14. Las barandillas se consideran sujeción cuando:

a) Están bajadas.
b) Son decorativas.
c) Dificultan la salida voluntaria de la cama.
d) Se usan en hospital.

15. No se debe aplicar sujeción física:

a) Ante riesgo grave e inmediato.
b) Cuando no hay alternativas eficaces.
c) Para evitar autolesiones.
d) Como medida punitiva o represalia.

16. En atención domiciliaria, la persona cuidadora:

a) Indica la medida.
b) Decide sin asesoramiento.
c) Coloca el dispositivo siguiendo orientación profesional.
d) Sustituye supervisión médica.

17. El objetivo del protocolo es:

a) Aumentar uso de sujeciones.
b) Homogeneizar sanciones.
c) Reducir autonomía.
d) Garantizar cuidados seguros respetando derechos y dignidad.

18. La revisión médica inicial debe realizarse en un plazo máximo de:

a) 24 horas.
b) 72 horas.
c) 48 horas.
d) 7 días.

19. En el seguimiento se debe valorar, entre otros:

a) Solo constantes vitales.
b) Solo postura.
c) Estado de ánimo, compresiones y necesidad de eliminación.
d) Exclusivamente movilidad.

20. La formación recomendada incluye:

a) Técnicas coercitivas avanzadas.
b) Estrategias disciplinarias.
c) Bioética y medidas alternativas a la sujeción.
d) Uso intensivo de dispositivos.

21. La sujeción involuntaria requiere:

a) Consentimiento verbal únicamente.
b) Solo decisión enfermera.
c) Registro, justificación clínica y comunicación si procede.
d) Autorización del TCAE.

22. El uso de sujeciones influye en la calidad de los cuidados porque:

a) Aumenta autonomía.
b) Mejora movilidad.
c) Puede afectar negativamente al bienestar físico y psicológico.
d) Elimina riesgos completamente.

23. La reducción física inminente está indicada:

a) De forma preventiva.
b) Para prevenir caídas leves.
c) Ante riesgo inmediato de autolesión o daño a terceros.
d) Para controlar conducta molesta.

24. Entre las medidas alternativas están:

a) Aplicación automática de cinturones.
b) Aislamiento sistemático.

c) Programas de rehabilitación y estimulación.
d) Supresión de actividades.

25. El cambio de paradigma actual prioriza:

a) Seguridad sobre dignidad.
b) Control institucional.
c) Atención centrada en la persona y respeto a derechos.
d) Restricción preventiva.

Solución al test n.º 11

1. a) Reconocer a la persona como protagonista de su cuidado y ajustar los apoyos a sus capacidades.

2. b) Prácticas restrictivas innecesarias.

3. c) Recurso excepcional y temporal ante riesgo grave.

4. d) Prevención general de caídas en personas mayores.

5. c) Administración de psicofármacos con efecto sedante.

6. a) Evaluación exhaustiva del riesgo y registro de alternativas previas.

7. c) Eliminación de obstáculos y mejora de iluminación.

8. d) Avergonzar públicamente a la persona.

9. d) Profesional médico responsable de la atención.

10. b) Coloca el dispositivo y participa en el control y cuidados.

11. c) Observación estrecha del estado físico y psíquico.

12. c) Aparición de úlceras y deterioro de AVD.

13. c) Documentarse y firmarse por persona usuaria o representante legal.

14. c) Dificultan la salida voluntaria de la cama.

15. d) Como medida punitiva o represalia.

16. c) Coloca el dispositivo siguiendo orientación profesional.

17. d) Garantizar cuidados seguros respetando derechos y dignidad.

18. c) 48 horas.

19. c) Estado de ánimo, compresiones y necesidad de eliminación.

20. c) Bioética y medidas alternativas a la sujeción.

21. c) Registro, justificación clínica y comunicación si procede.

22. c) Puede afectar negativamente al bienestar físico y psicológico.

23. c) Ante riesgo inmediato de autolesión o daño a terceros.

24. c) Programas de rehabilitación y estimulación.

25. c) Atención centrada en la persona y respeto a derechos.

TEST N.º 12

Úlceras por presión. Concepto, clasificación y factores de riesgo. Medidas preventivas. Movilización y cambios posturales. Productos de apoyo

1. ¿Qué es lo más importante de lo que se expone en relación con las úlceras por presión a nivel sanitario?

a) Su tratamiento.
b) Su diagnóstico.
c) Su prevención.
d) Conocer sus causas.

2. ¿En qué personas se dan más úlceras por presión?

a) En personas encamadas.
b) En personas con buena movilidad.
c) En personas bien nutridas.
d) Nada de lo anterior es cierto.

3. ¿Qué causa de estas es neurológica o nerviosa en la génesis de la úlcera por presión?

a) Parálisis.
b) Arteriosclerosis.
c) Alteraciones de la microcirculación.
d) Todo lo anterior es cierto.

4. ¿Cuáles son los planos duros que ejercen presión para que se dé la úlcera por presión?

a) El colchón o asiento sobre el que reposa el enfermo y por otro la superficie ósea del paciente.
b) Las sábanas o colchas empleadas y las manos de los cuidadores.
c) Las manos de los cuidadores y el colchón o asiento sobre el que reposa el enfermo.
d) Las manos de los cuidadores y la superficie ósea del paciente.

5. ¿Qué tipo de enfermo de estos puede tener la consciencia alterada y por ello ser más susceptible a padecer úlceras por presión?

a) Enfermos psiquiátricos sometidos a fuertes dosis de sedantes.
b) Enfermos incontinentes.
c) Enfermos con Síndrome de Cushing.
d) Ninguno de los anteriores.

6. Se padecerá de úlcera por presión cuando haya circunstancias favorables y se dé un apoyo cutáneo que sobrepase como mínimo:

a) Media hora.
b) Una hora.
c) Dos a tres horas.
d) Veinte horas.

7. En posición de sentado, la úlcera por presión aparecerá más frecuentemente en:

a) La tuberosidad isquiática.
b) La tuberosidad púbica.
c) Los acromiones.
d) Los olécranos.

8. ¿Cómo se denominan las úlceras por presión acaecidas por mecanismos de presión y roce derivados del uso de materiales empleados en un tratamiento?

a) Mecánicas.
b) Físicas.
c) Iatrogénicas.
d) Idiopáticas.

9. La aparición de úlcera iatrogénica en muñecas y pies, suele ser por:

a) Agresiones indebidas del sanitario.
b) Sujeciones mecánicas.
c) Autolesiones.
d) No se producen.

10. ¿En qué estadio está una úlcera por presión (según la *Agency for Health Care and Research*) cuando aparece un eritema que no cede al retirar el estímulo de presión en piel intacta?

a) Estadio I.
b) Estadio II.
c) Estadio III.
d) Estadio IV.

11. ¿Cómo se denomina la última fase de formación de la úlcera de presión o forma más evolucionada?

a) Fase final de exitus.
b) Fase escoriativa.
c) Fase eritematosa.
d) Fase necrótica.

12. ¿Qué estadio es la preúlcera según la clasificación del *Grupo Nacional para el Estudio y Asesoramiento sobre las Úlceras por Presión y el Grupo Europeo de Úlceras por Presión*?

a) Estadio 0.
b) Estadio 1.
c) Estadio a.
d) Estadio A.

13. ¿Cuántos parámetros se valoran en la Escala de Norton?

a) 3.
b) 4.
c) 5.
d) 6.

14. Si la incontinencia del paciente es urinaria y fecal, en ese parámetro de la Escala de Norton obtendría una puntuación de:

a) 4.
b) 3.
c) 2.
d) 1.

15. ¿Qué puntuación presentaría un paciente (Escala de Norton) con úlcera por presión que presenta un estado físico general regular, una actividad disminuida, sin incontinencia, y está sentado y confuso?

a) 24.
b) 20.
c) 13.
d) 9.

16. ¿Qué factor o factores de riegos se miden en la Escala de Braden en pacientes con úlceras por presión?

a) Percepción sensorial (capacidad para reaccionar ante una molestia relacionada con la presión).
b) Estado físico.
c) Estado mental.
d) Incontinencia.

17. ¿Cuántos parámetros se valoran en la Escala de Braden?

a) 3.
b) 4.
c) 5.
d) 6.

18. ¿Cuál es la base para la prevención y el tratamiento de las úlceras por presión?

a) Sequedad de la cama y sus útiles.
b) Sequedad de la piel del paciente y adecuada nutrición de la misma.
c) Una planificación de los cuidados de enfermería basada en la continuidad sistemática de los mismos.
d) Son ciertas las respuestas a) y b).

19. ¿Cada cuánto tiempo deben realizarse los cambios de posición en pacientes con riesgos a úlceras por presión?

a) Cada 2-3 horas.
b) Cada 4-6 horas.
c) Cada 6-8 horas.
d) Cada 12 horas.

20. ¿Cuándo no está contraindicado el masaje en la UPP?

a) Nunca está contraindicado, es aconsejable.
b) Siempre está contraindicado, está prohibido ya que la agrava.
c) Cuando no agrava la preúlcera.
d) Si la zona aún no tiene enrojecimiento (eritema).

21. ¿Cuál es el mecanismo físico principal para la patogenia de la úlcera por presión (o UPP)?

a) Presión continua tisular, relacionada con su intensidad.
b) Aumento local de temperatura a nivel tisular.
c) Disminución local de temperatura a nivel tisular.
d) Bloqueo sensorial a nivel tisular.

22. ¿Qué lugar de los siguientes es el más frecuente donde se da la úlcera por presión?

a) Rodilla.
b) Dedos de los pies.
c) Región abdominal.
d) Sacro.

23. ¿Cómo se denomina la fase de formación de la úlcera por presión que se caracteriza por la aparición de erosión y/o flictena y más tarde coloración grisácea o negruzca que indica la necrosis del tejido subcutáneo, acompañado de dolor local?

a) Fase de inicio.
b) Fase escoriativa.
c) Fase eritematosa.
d) Fase necrótica.

24. ¿Quiénes recomiendan la Escala de Braden en la valoración de los riesgos de padecer úlcera de presión?

a) Agency USAE.
b) NURSING.
c) La GNEAUPP (Grupo Nacional para el Estudio y Asesoramiento sobre las Úlceras por Presión).
d) Todas las instituciones anteriores.

25. ¿Por debajo de qué valor en la Escala de Braden existe alto riesgo de úlcera por presión? Por debajo de...

a) 20.
b) 17.
c) 13.
d) 9.

Solución al test n.º 12

1. c) Su prevención.

2. a) En personas encamadas.

3. a) Parálisis.

4. a) El colchón o asiento sobre el que reposa el enfermo y por otro la superficie ósea del paciente.

5. a) Enfermos psiquiátricos sometidos a fuertes dosis de sedantes.

6. c) Dos a tres horas.

7. a) La tuberosidad isquiática.

8. c) Iatrogénicas.

9. b) Sujeciones mecánicas.

10. a) Estadio I.

11. d) Fase necrótica.

12. a) Estadio 0.

13. c) 5.

14. d) 1.

15. c) 13.

16. a) Percepción sensorial (capacidad para reaccionar ante una molestia relacionada con la presión).

17. d) 6.

18. c) Una planificación de los cuidados de enfermería basada en la continuidad sistemática de los mismos.

19. a) Cada 2-3 horas.

20. d) Si la zona aún no tiene enrojecimiento (eritema).

21. a) Presión continua tisular, relacionada con su intensidad.

22. d) Sacro.

23. b) Fase escoriativa.

24. c) La GNEAUPP (Grupo Nacional para el Estudio y Asesoramiento sobre las Úlceras por Presión).

25. c) 13.

TEST N.º 13

Los cuidados del TCAE a la persona con enfermedad crónica terminal. Acompañamiento y cuidados en el proceso de final de la vida. Técnicas de los cuidados post mortem

1. ¿Qué aspecto de estos es clave que se dé en cuidados paliativos, siempre que sea posible?

a) La atención hospitalaria.
b) La atención en centro de salud habitual.
c) La atención en centro de salud especializado.
d) La atención domiciliaria.

2. Respecto a los cuidados paliativos no es cierto que:

a) Mejoran la calidad de vida de los pacientes y de sus familias.
b) Alivian el dolor y otros síntomas.
c) Aceleran la muerte.
d) Afirman la vida, y consideran la muerte como un proceso normal.

3. ¿Qué pronóstico (en meses) de vida es el promedio general en pacientes terminales?

a) Está limitado a 2 meses ($\pm$ 1).
b) Está limitado a 3 meses ($\pm$ 2).
c) Está limitado a 6 meses ($\pm$ 3).
d) Está limitado a 9 meses ($\pm$ 3).

4. ¿Qué principio básico, según Beauchamp y Childress, se sintetiza con la expresión latina *primum non nocere*?

a) Justicia.
b) No maleficencia.
c) Autonomía.
d) Beneficencia.

5. ¿En qué tipo de actuaciones se basan los cuidados paliativos?

a) Eutanasia.
b) Eugenesia.
c) Distanasia.
d) Ortotanasia.

6. A toda acción que pretende terminar con la vida del enfermo para acabar con el sufrimiento se le denomina:

a) Eutanasia.
b) Distanasia.
c) Eugenesia.
d) Ortotanasia.

7. ¿Cuál de estos derechos que se nombran a continuación, de las personas adultas en situación terminal, no consideras que sea tal?

a) Derecho a recibir atención médica y soporte personal.
b) Derecho a la autodeterminación y a rechazar un tratamiento.
c) Derecho a participar en la toma de decisiones relativas a las pruebas complementarias, aunque no en el tratamiento.
d) Derecho a ser tratados con la mayor dignidad y a ver su dolor aliviado.

8. Respecto al reposo y al sueño del enfermo terminal es cierto que:

a) Son infrecuentes las irregularidades en el patrón del sueño.
b) No se deben dar hipnóticos para el sueño, aunque se prescriban por el facultativo.
c) Hay que evitar que se sienta solo, y esto lo relaja y disminuye su estrés, favoreciendo que no se den las irregularidades del sueño.
d) La causa del insomnio siempre es psicológica.

9. ¿Qué consejo en la alimentación en cuidados paliativos es incorrecto?

a) No presionar o agobiar al paciente con la comida, intentando adaptarse al "gusto" del paciente.
b) Presentar la comida de forma atractiva (la comida entra por los ojos).
c) Fraccionar la dieta en seis o siete tomas al día (más veces, menos cantidad), evitando alimentos flatulentos, muy condimentados, o/y con olores intensos.
d) Hay que obligar a comer a los pacientes, la falta de comida constituye una ded las causas de empeoramiento.

10. ¿Qué virus es el que más frecuentemente aparece en la boca de los enfermos que están recibiendo quimioterapia?

a) Cándida.
b) Virus de Epstein-Barr.
c) Citomegalovirus.
d) Herpes simple.

11. ¿Qué aspecto no posee el dolor agudo que sí lo posee el dolor crónico?

a) Posee una misión biológica.
b) Mejor vía de administración la analgesia oral/rectal.
c) Posee un comienzo de alivio rápido.
d) El paciente presenta un estado emocional ante el dolor de cansado/ansioso.

12. ¿Qué factor de esto disminuye el dolor?

a) Miedo.
b) Depresión.
c) Vejez.
d) Sueño.

13. ¿Qué dolor de estos no es nociceptivo?

a) El dolor somático, por estimulación de los receptores periféricos.
b) El dolor visceral, por infiltración, compresión o distensión de vísceras.
c) El dolor neuropático, por daño del Sistema Nervioso Central (dolor central) o periférico (desaferentización).
d) Todos son nociceptivos.

14. Todo lo que se expone del fentanilo es cierto, excepto que:

a) Es un opioide sintético.
b) El fentanilo tiene indicaciones diferentes a la morfina en el tratamiento de dolor crónico que no responda al segundo escalón de la OMS.
c) El principal inconveniente del fentanilo-TTS es su mala adherencia en pieles sudorosas o/y febriles.
d) El fentanilo está especialmente indicado en disfagia/odinofagia, cuando existe un escaso cumplimiento de la medicación oral y cuando se dan problemas en el tránsito gastrointestinal (ocasiona menos estreñimiento).

15. ¿Qué causa de la ansiedad se relaciona con las fases de duelo de la doctora Kübler-Ross?

a) Los problemas relacionados con efectos directos de la enfermedad o complicaciones médicas.
b) Las reacciones adaptativas como consecuencia de la aparición de cambios inevitables.

c) Los problemas derivados de la existencia previa de problemas psicológicos.

d) Aquellas derivadas de los efectos secundarios del tratamiento.

16. ¿Qué nivel de sedación presenta un paciente con una respuesta rápida a estímulos dolorosos/presión glabelar, según la escala de Ramsay?

a) Nivel de sedación II.

b) Nivel de sedación III.

c) Nivel de sedación IV.

d) Nivel de sedación V.

17. ¿Cómo se denomina la capacidad para comprender, aceptar y compartir los sentimientos del paciente (incluso de otras personas)?

a) Catarsis.

b) Empatía.

c) Reflexividad.

d) Eustrés.

18. ¿Qué respuestas es incorrecta?

a) Las familias necesitan atención al mismo tiempo que el paciente terminal.

b) Los familiares deben ser partícipes del plan de cuidados del paciente.

c) No es conveniente instruir a los familiares en los cuidados necesarios para el paciente.

d) El médico debe facilitar a la familia la mayor cantidad de información posible sobre el estado del paciente.

19. ¿Cuál de estas etapas de aceptación de la muerte (Kübler-Ross) suele ser cronológicamente la primera?

a) Ira.

b) Negociación.

c) Negación.

d) Aceptación.

20. ¿En qué fase según Spoken está el paciente terminal que aún no conoce el diagnóstico ni el alcance de la enfermedad, pero la familia sí?

a) Fase de despreocupación.

b) Fase de inseguridad.

c) Fase de negación.

d) Fase de comunicación de la verdad.

21. ¿Qué aspectos incluye la atención integral en Cuidados Paliativos?

a) Los aspectos exclusivamente físicos.
b) Los aspectos físicos, emocionales y espirituales.
c) Los aspectos físicos, sociales y espirituales.
d) Los aspectos físicos, emocionales, sociales y espirituales.

22. ¿Quiénes serán los responsables de dar los cuidados físicos de confort a un paciente terminal que se encuentra ingresado a nivel hospitalario?

a) Técnicos socio-sanitarios contratados por la familia.
b) TCAE del hospital.
c) Familiares a su cargo.
d) Médicos Especialistas en cuidados paliativos.

23. Las Escalas de Valoración Verbal (EVV) del dolor son:

a) Las Escala Intensiva del dolor (EID).
b) Las Escalas Descriptivas Simples (EDS).
c) Las Escalas Numéricas de Valoración (EVN).
d) La Escala Visual Analógica (EVA).

24. ¿Qué tipo de comunicación utiliza generalmente el paciente terminal corrientemente de forma más explícita para expresar emociones, actitudes y otras circunstancias de su personalidad?

a) No verbal.
b) Verbal.
c) Escrita.
d) Antipostural.

25. ¿Qué término procedente del latín, muy usado sanitariamente significa muerte?

a) Mortaja.
b) Sudario.
c) Éxitus.
d) Disfasia.

Solución al test n.º 13

1. d) La atención domiciliaria.

2. c) Aceleran la muerte.

3. c) Está limitado a 6 meses (± 3).

4. b) No maleficencia.

5. d) Ortotanasia.

6. a) Eutanasia.

7. c) Derecho a participar en la toma de decisiones relativas a las pruebas complementarias, aunque no en el tratamiento.

8. c) Hay que evitar que se sienta solo, y esto lo relaja y disminuye su estrés, favoreciendo que no se den las irregularidades del sueño.

9. d) Hay que obligar a comer a los pacientes, la falta de comida constituye una ded las causas de empeoramiento.

10. d) Herpes simple.

11. b) Mejor vía de administración la analgesia oral/rectal.

12. d) Sueño.

13. c) El dolor neuropático, por daño del Sistema Nervioso Central (dolor central) o periférico (desaferentización).

14. b) El fentanilo tiene indicaciones diferentes a la morfina en el tratamiento de dolor crónico que no responda al segundo escalón de la OMS.

15. b) Las reacciones adaptativas como consecuencia de la aparición de cambios inevitables.

16. c) Nivel de sedación IV.

17. b) Empatía.

18. c) No es conveniente instruir a los familiares en los cuidados necesarios para el paciente.

19. c) Negación.

20. a) Fase de despreocupación.

21. d) Los aspectos físicos, emocionales, sociales y espirituales.

22. b) TCAE del hospital.

23. b) Las Escalas Descriptivas Simples (EDS).

24. a) No verbal.

25. c) Éxitus.

TEST N.º 14

Salud laboral: condiciones físico-ambientales del trabajo, riesgos de naturaleza biológico, químico y físico. Medidas de prevención. Factores de naturaleza psicosocial: estrés, burnout, acoso. Medidas de prevención

1. ¿Cuál es en España la norma básica que regula en la actualidad la materia de Prevención de Riesgos Laborales?

a) Ley 31/1995, de 8 de noviembre.
b) Ley 13/1990, de 22 de abril.
c) Ley 22/2000, de 12 de diciembre.
d) Ley 14/1998, de 25 de septiembre.

2. La Higiene teórica proveniente de la Higiene en el Trabajo:

a) Se encarga de la identificación cualitativa y cuantitativa de los agentes nocivos.
b) Se encarga de buscar soluciones a los problemas detectados y trata de eliminar todos los riesgos.
c) Se encarga del estudio a través de la investigación en el ámbito de la higiene laboral.
d) Se encarga de estudiar la relación entre dosis de exposición al agente nocivo y la respuesta que este desencadena en el organismo humano.

3. ¿De qué se dice que "es aquel en el que la producción de calor metabólico está en equilibrio con las pérdidas de calor orgánico (por convección e irradiación), las pérdidas de calor respiratorio y la transpiración insensible"?

a) Ambiente térmico fisiológico.
b) Ambiente térmico neutro.
c) Ambiente térmico físico-químico.
d) Nada de lo anterior es cierto.

4. ¿Cuál es la unidad más empleada en medicina del trabajo respecto al ambiente sonoro, si queremos evaluar la existencia o no de contaminación acústica?

a) Lumen.
b) Son.
c) Decibelio.
d) metro/segundo.

5. ¿Qué radiaciones electromagnéticas de estas consideras ionizante?

a) Radiaciones Y e infrarroja.
b) Radiaciones X y gamma.
c) Radiaciones alfa y beta.
d) Radiaciones alfa e infrarroja.

6. ¿Qué medida universal de estas respecto a los riesgos relacionados con la exposición a agentes biológicos durante el trabajo en ambientes hospitalarios es del tipo inmunización activa?

a) Suero frente a hepatitis B.
b) Vacunación frente a hepatitis B.
c) Quimioprofilaxis antivírica.
d) Todo lo anterior es cierto.

7. La esterilización por calor húmedo bajo presión es mediante:

a) Autoclave.
b) Poupinel.
c) Incineración.
d) Flameado.

8. ¿Qué zona corporal es la más dañada por la manipulación de cargas?

a) Espalda (zona dorsolumbar).
b) Tórax.
c) Espalda (zona cervical).
d) Extremidades inferiores.

9. ¿Qué carga no se recomienda que manejen mujeres, trabajadores jóvenes o aquellos de edad avanzada?

a) Cargas superiores a 5 kg.
b) Cargas superiores a 15 kg.
c) Cargas superiores a 25 kg.
d) Cargas superiores a 35 kg.

10. ¿Cuál es el tamaño máximo recomendable de una carga (alto x ancho x profundo, en cm)?

a) 70 x 50 x 50.
b) 60 x 60 x 60.
c) 60 x 60 x 50.
d) 80 x 60 x 60.

11. ¿Qué distancias indicarán las «coordenadas» de la situación espacial de la carga?

a) Distancias H y T.
b) Distancias T y V.
c) Distancias H y S.
d) Distancias H y V.

12. ¿A qué se denomina la disminución de la capacidad física y mental después de realizar un trabajo?

a) Carga mental.
b) Fatiga.
c) Adinamia.
d) Estrés.

13. La carga mental se denomina también:

a) Esfuerzo intelectual.
b) Esfuerzo mental.
c) Carga psíquica.
d) Carga cognitiva.

14. ¿Cómo se llama también el síndrome de quemado o de agotamiento profesional?

a) Mobbing.
b) Burnout.
c) Eustrés.
d) Distrés.

15. La ciencia de la adaptación del trabajo al hombre es:

a) Laborterapia.
b) Ergonomía.
c) Terapia Ocupacional.
d) Ninguna de las anteriores.

16. ¿Qué ergonomía se encarga del estudio de la relación entre el ser humano y las condiciones métricas de su puesto de trabajo en lo relativo a su comodidad y confort estático, tanto en posiciones de pie como sentado, pie-sentado, etc.?

a) Ergonomía geométrica.
b) Ergonomía geográfica.
c) Ergonomía ambiental.
d) Ergonomía temporal.

17. Los esfuerzos repetitivos de las muñecas pueden ocasionar:

a) Tendinitis.
b) Cefaleas.
c) Lumbalgias.
d) Todo lo anterior.

18. ¿Qué riesgo en particular pueden presentar más frecuentemente las cargas de peso en diferentes situaciones cuando es demasiado pesada o demasiado voluminosa?

a) Riesgo craneocervical.
b) Riesgo cervical.
c) Riesgo dorsocervical.
d) Riesgo dorsolumbar.

19. ¿En qué circunstancias el medio de trabajo no aumenta el riesgo, particularmente dorsolumbar?

a) Cuando el espacio libre, especialmente vertical, resulta insuficiente para el ejercicio de la actividad de que se trate.
b) Cuando el suelo es regular.
c) Cuando la situación o el medio de trabajo no permite al trabajador la manipulación manual de cargas a una altura segura.
d) Cuando la situación o el medio de trabajo no permite al trabajador la manipulación manual de cargas en una postura correcta.

20. ¿Qué equipo (EPI) suele emplearse como de uso general a nivel sanitario?

a) Delantales.
b) Guantes de látex.
c) Gafas de seguridad.
d) Viseras.

21. ¿Qué aspecto no recoge el concepto amplio de seguridad social (en Europa)?

a) La protección social de los trabajadores.
b) La creación de Centros para la rehabilitación de los trabajadores.

c) La creación de los servicios médicos de empresa.
d) Recoge todo lo anteriormente mencionado.

22. ¿Qué radiación de estas es electromagnética?

a) Luz visible.
b) Radiación alfa.
c) Radiación beta.
d) Son todas electromagnéticas.

23. ¿Cuál es el método de elección mediante esterilización, por ser el más fiable, eficaz y de fácil empleo?

a) Esterilización por calor seco a baja presión.
b) Esterilización por calor húmedo a alta presión.
c) Esterilización por calor húmedo a baja presión.
d) Esterilización por calor seco a alta presión.

24. El término hostigamiento o acoso en el trabajo es el denominado:

a) Mobbing.
b) Burnout.
c) Eustrés.
d) Distrés.

25. Los riesgos biológicos de peligro por salpicaduras se da más frecuentemente en:

a) Consultas externas.
b) Operaciones previas a la esterilización.
c) Banco de sangre.
d) Rehabilitación.

Solución al test n.º 14

1. a) Ley 31/1995, de 8 de noviembre.

2. d) Se encarga de estudiar la relación entre dosis de exposición al agente nocivo y la respuesta que este desencadena en el organismo humano.

3. b) Ambiente térmico neutro.

4. c) Decibelio.

5. b) Radiaciones X y gamma.

6. b) Vacunación frente a hepatitis B.

7. a) Autoclave.

8. a) Espalda (zona dorsolumbar).

9. b) Cargas superiores a 15 kg.

10. c) 60 x 60 x 50.

11. d) Distancias H y V.

12. b) Fatiga.

13. d) Carga cognitiva.

14. b) Burnout.

15. b) Ergonomía.

16. a) Ergonomía geométrica.

17. a) Tendinitis.

18. d) Riesgo dorsolumbar.

19. b) Cuando el suelo es regular.

20. b) Guantes de látex.

21. d) Recoge todo lo anteriormente mencionado.

22. a) Luz visible.

23. c) Esterilización por calor húmedo a baja presión.

24. a) Mobbing.

25. c) Banco de sangre.

TEST N.º 15

Concepto de urgencia y emergencia. Protocolos de actuación en primeros auxilios. Reanimación cardiopulmonar básica. Carro de paradas: reposición y mantenimiento del material. Actuación ante crisis epilépticas, atragantamientos, quemaduras y traumatismos

1. Una patología que puede llevar a la muerte y que debe ser atendida en un tiempo inferior a una hora, según la OMS, es:

a) Un accidente.
b) Un siniestro.
c) Una urgencia.
d) Una emergencia.

2. El mayor pico de mortalidad originado en los politraumatizados es:

a) En la primera hora.
b) En las primeras 24 horas.
c) En las semanas posteriores.
d) La mortalidad en los politraumatizados no presenta un pico reconocido.

3. ¿Cuál es el orden en el que se debe realizar una evaluación en un paciente politraumatizado en la valoración secundaria?

a) Primero se debe realizar un examen neurológico, seguido de una exploración en busca de lesiones externas.
b) Primero se debe realizar un examen neurológico, seguido de una exploración de cabeza, cuello, tórax y abdomen.
c) La evaluación debe comenzar por la exploración de la cabeza, para seguir con cuello, abdomen y pelvis, y finalizar con un examen neurológico.
d) La evaluación debe comenzar por la exploración de cabeza, cuello, tórax, abdomen, pelvis, extremidades y finalizar con un examen neurológico.

4. ¿Qué es un traumatismo craneoencefálico?

a) Un impacto violento recibido por un sujeto en las regiones craneal y facial.
b) Un impacto recibido por un sujeto en la región craneal.
c) Una pérdida estructural de una parte del cuerpo.
d) La pérdida del conocimiento por un impacto violento en la región craneal.

5. En la inspección de las pupilas en una valoración neurológica de un paciente con traumatismo craneoencefálico, una relación entre ambas pupilas disocóricas quiere decir que:

a) Ambas pupilas son iguales.
b) Las pupilas no reaccionan.
c) Las pupilas son desiguales.
d) Las pupilas tienen forma irregular.

6. Para valorar la extensión de una quemadura se usa:

a) La regla de los 9.
b) La regla de Wallace.
c) La regla de los 10.
d) Las respuestas a) y b) son correctas.

7. ¿Qué es la uremia?

a) Es una pérdida de conciencia debido a una baja cantidad de glucosa en sangre.
b) Es una pérdida de conciencia debido a una alta cantidad de glucosa en sangre.
c) Es una complicación grave de las enfermedades del riñón, que puede provocar un estado de somnolencia capaz de llevar al coma.
d) Es una complicación leve de las enfermedades del riñón, que puede provocar un estado de somnolencia capaz de llevar al coma.

8. Las catecolaminas producen:

a) Vasoconstricción arterial y venosa, desvía el flujo de sangre de órganos no vitales a los vitales.
b) Elevación de frecuencia cardiaca y respiratoria.
c) Elevación de tensión arterial y gasto cardíaco.
d) Todas las respuestas son correctas.

9. Para poder elaborar un diagnóstico definitivo en un paciente intoxicado se debe recabar la máxima información posible. Se intentará conseguir:

a) Nombre del producto y cantidad del producto ingerido.
b) Vía de administración por la que se ha producido la ingesta y posibles mezclas.

c) Tiempo transcurrido desde la administración del producto y antecedentes patológicos previos del individuo.

d) Todas las respuestas son correctas.

10. ¿Cuál de los siguientes es el tratamiento para la intoxicación por paracetamol?

a) El tratamiento es sintomático.

b) El tratamiento indicado es el lavado gástrico incluso pasadas 12 horas, monitorización cardiaca y administración de bicarbonato sódico.

c) El tratamiento específico es la administración de su antídoto, N-acetilcisteína y si la ingesta es reciente están indicados el lavado gástrico y el carbón activado.

d) El tratamiento consiste en el lavado gástrico y carbón gástrico y la administración intravenosa de flumazenil.

11. ¿Cuál es la clínica de la intoxicación por litio?

a) Náuseas, vómitos, diarrea, ataxia, disartria, depresión del nivel de conciencia, convulsiones, poliuria e hiponatremia.

b) Sopor, pérdida de reflejos, hipotermia, hipotensión y trastornos motores.

c) Alteración del nivel de conciencia, depresión del SNC, ataxia, náuseas y vómitos.

d) Disartria, hiperreflexia, depresión respiratoria, convulsiones e hipotensión.

12. ¿Cuáles son las valoraciones que se deben hacer a un paciente con un traumatismo craneoencefálico?

a) Valoración respiratoria y neurológica.

b) Valoración circulatoria y externa en busca de heridas.

c) Valoración respiratoria, circulatoria y neurológica.

d) Valoración circulatoria e inspección, palpación y auscultación de la cabeza.

13. ¿Qué tres parámetros se evalúan en la atención de enfermería de un paciente con un traumatismo craneoencefálico para evaluar su conciencia?

a) Apertura de ojos, respuesta verbal y respuesta motora.

b) Apertura de ojos, respuesta pupilar ante un foco de luz y respuesta verbal.

c) La relación entre las pupilas, la presión intracraneal y la capacidad pulmonar.

d) Respuesta motora, respuesta verbal y respuesta pupilar a la luz.

14. Los signos y síntomas de las fracturas consisten en:

a) Hinchazón, cambios de color, mareos, náuseas, delirios.

b) Torpeza, sudoración, angustia, fatiga, hinchazón local, arritmias y cambios de humor.

c) Dolor, pérdida de función, deformidad, acortamiento, crepitación, hinchazón local y cambios de color.

d) Ninguna de las respuestas anteriores es cierta.

15. En las fracturas de huesos largos los fragmentos pueden presentar un traslado de:

a) 3 a 6 cm.
b) 1,5 a 5 cm.
c) 2,5 a 4,5 cm.
d) 2,5 a 5 cm.

16. ¿Cuál de estas corresponde al grado IV de fractura abierta?

a) Es una herida abierta de menos de 1 cm de longitud.
b) Es de mayor diámetro sin lesión extensa de los tejidos blandos.
c) No existe el grado IV de fractura abierta.
d) Es más grave, con lesión amplia de tejidos blandos y alto grado de contaminación.

17. ¿Cuál de las siguientes forma parte de los factores de cicatrización de las heridas?

a) Insomnio.
b) Huésped comprometido.
c) Ansiedad.
d) Sistema respiratorio.

18. Cuando la profundidad de la herida atraviesa el tejido subcutáneo hablamos de tipo:

a) Perforante.
b) Profunda.
c) Superficial.
d) Penetrante.

19. Forma parte de la actitud de enfermería en caso de hemorragia dental:

a) Informar al paciente de la necesidad de respirar por la boca y de evitar toser o realizar movimientos bruscos para que no se deshaga el coágulo que se forma.
b) Tomar las constantes vitales de forma continua.
c) Colocar un tapón de gasa humedecido en agua oxigenada en el lugar de la hemorragia e informar al paciente de que debe aprisionarlo fuertemente.
d) Trasladar al paciente al hospital.

20. Sabemos que es una hemorragia arterial cuando:

a) La sangre que brota lo hace de forma continua y babeante. Es de color rojo menos intenso que la sangre arterial (color rojo azulado).
b) La sangre es de color rojo intenso y sale a presión, siendo más acentuada la salida con la sístole cardiaca.

c) Brota de múltiples puntos en forma de sábana (como si de manantiales de agua se tratara). Es de color intermedio entre los dos anteriores.

d) La sangre es de color negro intenso y no se aprecia presión.

21. Para valorar el nivel de conciencia del politraumatizado usaremos el método:

a) VOS.
b) PAS.
c) ALEC.
d) ALLEN.

22. ¿Cuáles son las primeras medidas a poner en marcha en un esguince que se encuentra en un paciente politraumatizado mientras se realiza en la valoración secundaria?

a) Venda de sostén o presión y hielo o compresas frías alrededor de la articulación lesionada.
b) Reposo y elevación de la articulación.
c) Evitar la posición colgante de la articulación lesionada.
d) Todas las respuestas son correctas.

23. Diferenciaremos que la sintomatología de la contusión es en el deltoides porque:

a) La contusión suele provocar lumbalgias de tipo muscular.
b) La flexión dorsal suele estar muy limitada y es dolorosa.
c) La contusión puede provocar desde hombros dolorosos simples hasta hombros congelados con compresión nerviosa, que deberemos valorar.
d) La intensidad de la lesión por la limitación de la flexión activa y pasiva de la rodilla.

24. La infección de una herida quirúrgica se puede hacer evidente entre los:

a) 3 y 7 días del posoperatorio.
b) 1 y 8 días del posoperatorio.
c) 2 y 10 días del posoperatorio.
d) 2 y 11 días del posoperatorio.

25. Las heridas se manifiestan clínicamente por:

a) Dolor, hemorragia y separación de los bordes de la piel por la herida.
b) Dolor, contusión y membrana mucosa abierta.
c) Hemorragia, rotura de la piel y enrojecimiento de esta.
d) Rotura de la piel, dolor y hemorragia.

26. Consideramos que lo ideal sería que supieran técnicas de RCP:

a) Todo el personal sanitario.
b) Todo el personal de primera intervención.
c) Todos los ciudadanos.
d) Todo el personal que trabaje en un servicio sanitario.

27. El estilo Utstein en el soporte vital básico es:

a) Un acuerdo a nivel mundial para consensuar definiciones relacionadas con la RCP.
b) La principal asociación de indicaciones en RCP a nivel europeo.
c) La secuencia de actuación correcta ante una emergencia clínica.
d) Todas son ciertas.

28. El primer eslabón de la cadena de supervivencia es:

a) RCP básica.
b) Desfibrilación precoz.
c) Activación de los servicios de emergencia.
d) Soporte vital avanzado.

29. El número seleccionado en toda Europa para la activación de los servicios de emergencias es:

a) 112.
b) 061.
c) 060.
d) 092.

30. La causa más frecuente de parada cardiorrespiratoria en adultos es:

a) Torsades de pointes.
b) FV.
c) FA.
d) Enfermedad terminal.

31. Para despejar la vía aérea usaremos la técnica de:

a) Tracción mandibular.
b) VOS.
c) Insuflaciones.
d) Dedo en gancho.

32. La secuencia correcta entre MCE (masaje cardiaco externo) e insuflaciones es de:

a) 30/2.
b) 15/2.

c) 30/1.
d) Depende del número de reanimadores.

33. ¿Cuál de las siguientes afirmaciones sobre el boca a boca es falsa?

a) Debemos tapar los orificios nasales.
b) Debemos sellar la boca del paciente con nuestra boca.
c) Se realizarán 2 insuflaciones cada 30 compresiones.
d) Se realizará una insuflación profunda para mejorar la oxigenación.

34. Consideraremos una obstrucción como parcial si:

a) El paciente no se encuentra atragantado.
b) El paciente puede respirar y toser.
c) El paciente no puede toser.
d) El paciente se encuentra consciente.

35. Ante una hemorragia:

a) Deberemos dar agua para reponer el volumen perdido.
b) Deberemos usar un torniquete.
c) Deberemos hacer compresión sobre la herida.
d) Deberemos aplicar calor seco.

36. La cánula de Guedel:

a) Es una cánula orofaríngea.
b) Se utiliza para mantener la vía aérea permeable.
c) Es un tubo de plástico abierto en su interior.
d) Todas las respuestas son ciertas.

37. Es un ritmo desfibrilable:

a) TVSP.
b) Asistolia.
c) Sinusal.
d) Bloqueo completo.

38. Si está indicada la descarga con el desfibrilador deberemos estar seguros de que:

a) El ritmo es desfibrilable.
b) El nivel de julios es el correcto.
c) Nadie toca al paciente.
d) El DESA tiene baterías.

39. ¿Cuándo se suspende la RCP básica?

a) Cuando la valoración nos indica que el paciente presenta una PCR.
b) Cuando el paciente necesita una descarga eléctrica.
c) Cuando el reanimador está exhausto.
d) Todas las respuestas son ciertas.

40. En los niños las técnicas de RCP se inician con:

a) 30 compresiones.
b) 2 ventilaciones.
c) 5 ventilaciones.
d) 15 compresiones.

41. La secuencia ideal entre compresiones y ventilaciones en los niños es de:

a) 30/2.
b) 15/2.
c) 30/1.
d) 15/5.

42. La realización de la RCP en niños debe hacerse con el niño:

a) En PLS.
b) En decúbito prono sobre una superficie dura.
c) En decúbito supino sobre una superficie dura.
d) En la posición en la que nos encontramos al paciente evitando la movilización.

43. El área de compresión en los lactantes:

a) Es en la línea intermamilar, sobre el esternón.
b) Es en el mismo lugar que en los adultos.
c) Es con 3 dedos sobre la apófisis xifoides.
d) Es justo bajo la apófisis xifoides.

44. No se considera material para la apertura de la vía aérea:

a) Pinzas de Magill.
b) Guía de tubo.
c) Tubos orofaríngeos.
d) Tabla de RCP.

45. El sulfato de magnesio es:

a) Una catecolamina.
b) Un anticolinérgico.

c) Un antiarritmico.
d) Un depresor del SNC.

46. En RCP consideramos finalizado el proceso si:

a) Se mantiene la circulación espontánea durante 20 minutos.
b) Llegan los servicios de emergencias extrahospitalaria.
c) Aparece respiración espontánea.
d) Todas las respuestas son ciertas.

47. Lo primero que se debe hacer en una situación de emergencia es:

a) Avisar a los servicios sanitarios.
b) Realizar una valoración del paciente.
c) Proteger a nosotros, al paciente y a la zona.
d) Socorrer al herido.

48. Para utilizar un ambú de forma correcta debemos situarnos:

a) Detrás de la cabeza del paciente.
b) Entre sus hombros.
c) De rodilla junto a su tórax.
d) En el sitio que podamos.

49. Para mantener abierta la vía aérea en un lactante la posición de la cabeza debe ser:

a) En hiperextensión.
b) En posición neutra.
c) En hipoextensión.
d) Solo se mantendrá abierta con una cánula orofaríngea.

50. En un niño que presenta una obstrucción de la vía aérea completa deberemos:

a) Iniciar secuencia de RCP.
b) Realizar 5 insuflaciones de rescate.
c) Realizar la maniobra frente–mentón para mantener la vía aérea abierta.
d) Alternar 5 compresiones torácicas con 5 golpes interescapulares.

Solución al test n.º 15

1. d) Una emergencia.

2. a) En la primera hora.

3. d) La evaluación debe comenzar por la exploración de cabeza, cuello, tórax, abdomen, pelvis, extremidades y finalizar con un examen neurológico.

4. a) Un impacto violento recibido por un sujeto en las regiones craneal y facial.

5. d) Las pupilas tienen forma irregular.

6. d) Las respuestas a) y b) son correctas.

7. c) Es una complicación grave de las enfermedades del riñón, que puede provocar un estado de somnolencia capaz de llevar al coma.

8. d) Todas las respuestas son correctas.

9. d) Todas las respuestas son correctas.

10. c) El tratamiento específico es la administración de su antídoto, N-acetilcisteína y si la ingesta es reciente están indicados el lavado gástrico y el carbón activado.

11. a) Náuseas, vómitos, diarrea, ataxia, disartria, depresión del nivel de conciencia, convulsiones, poliuria e hiponatremia.

12. c) Valoración respiratoria, circulatoria y neurológica.

13. a) Apertura de ojos, respuesta verbal y respuesta motora.

14. c) Dolor, pérdida de función, deformidad, acortamiento, crepitación, hinchazón local y cambios de color.

15. d) 2,5 a 5 cm.

16. c) No existe el grado IV de fractura abierta.

17. b) Huésped comprometido.

18. b) Profunda.

19. c) Colocar un tapón de gasa humedecido en agua oxigenada en el lugar de la hemorragia e informar al paciente de que debe aprisionarlo fuertemente.

20. b) La sangre es de color rojo intenso y sale a presión, siendo más acentuada la salida con la sístole cardiaca.

21. c) ALEC.

22. d) Todas las respuestas son correctas.

23. c) La contusión puede provocar desde hombros dolorosos simples hasta hombros congelados con compresión nerviosa, que deberemos valorar.

24. d) 2 y 11 días del posoperatorio.

25. a) Dolor, hemorragia y separación de los bordes de la piel por la herida.

26. c) Todos los ciudadanos.

27. a) Un acuerdo a nivel mundial para consensuar definiciones relacionadas con la RCP.

28. c) Activación de los servicios de emergencia.

29. a) 112.

30. b) FV.

31. a) Tracción mandibular.

32. a) 30/2.

33. d) Se realizará una insuflación profunda para mejorar la oxigenación.

34. b) El paciente puede respirar y toser.

35. c) Deberemos hacer compresión sobre la herida.

36. d) Todas las respuestas son ciertas.

37. a) TVSP.

38. c) Nadie toca al paciente.

39. c) Cuando el reanimador está exhausto.

40. c) 5 ventilaciones.

41. b) 15/2.

42. c) En decúbito supino sobre una superficie dura.

43. a) Es en la línea intermamilar, sobre el esternón.

44. d) Tabla de RCP.

45. c) Un antiarritmico.

46. a) Se mantiene la circulación espontánea durante 20 minutos.

47. c) Proteger a nosotros, al paciente y a la zona.

48. a) Detrás de la cabeza del paciente.

49. b) En posición neutra.

50. d) Alternar 5 compresiones torácicas con 5 golpes interescapulares.

Cómo acceder al Curso

Técnico/a en Cuidados Auxiliares de Enfermería
Test del temario

El uso de los códigos **es exclusivo de los compradores de los productos de Editorial MAD**. Cada producto posee un código único y de un solo uso. Es personal e intransferible y da acceso a servicios y contenidos adicionales. Editorial MAD se reserva el derecho de hacer cuantas comprobaciones sean necesarias para identificar al legítimo poseedor del código y dejar de dar servicio a quien haga uso fraudulento del mismo, además de emprender cuantas acciones legales estime oportunas según la legislación vigente.

Deberás acceder a:

mad.es/registro-campus

Si una vez aceptadas las condiciones de uso del Campus decides hacer uso del mismo, necesitarás del siguiente código de acceso junto con los códigos del resto de títulos que se exigen (si fuera el caso):

N1QX4BUSVP